GÜNTER SCHMIDT

# Der optimale Versicherungsbestand

# Schriftenreihe des Instituts für Versicherungswissenschaft an der Universität Köln

Begründet von Professor Dr. jur., Dr. phil. W. Rohrbeck †
Fortgeführt von Professor Dr. sc. pol. P. Braeß

## Neue Folge Heft 24

# Der optimale Versicherungsbestand

Von

Dr. Günter Schmidt

DUNCKER & HUMBLOT / BERLIN

# Inhaltsverzeichnis

## Abkürzungen

VN = Versicherungsnehmer

VU = Versicherungsunternehmen

# A. Einleitung

Alljährlich wird in den Unternehmensleitungen vieler Versicherungsgesellschaften darüber diskutiert, wie sich der Versicherungsbestand in der kommenden Rechnungsperiode entwickeln soll. Es wird geprüft, welche Versicherungssparten zu fördern sind und bei welchen Sparten sich Zurückhaltung empfiehlt. Vielleicht entschließt man sich sogar, einen neuen Versicherungszweig aufzunehmen oder einen bestehenden aufzugeben. Das Ergebnis dieser Überlegungen sind detaillierte Sollzahlen für jede einzelne Sparte. In den Vereinigten Staaten gibt es Gesellschaften, die derartige Sollzahlen nicht nur für das Gesamtunternehmen aufstellen, sondern bis auf den letzten nebenberuflichen Vertreter verteilen. Die Festsetzung dieser Sollzahlen ist eine Führungsentscheidung, die den Kern der Geschäftspolitik eines Versicherers darstellt oder doch wenigstens darstellen sollte. Sie hat die gleiche Bedeutung wie Entscheidungen über das Produktions- und Absatzprogramm in der Industrie.

Die Planungsüberlegungen der Praxis scheinen jedoch, so nützlich sie im einzelnen auch sein mögen, einen entscheidenden Mangel zu haben. Es fehlt bis heute ein umfassendes theoretisches Modell, das der Bestandsplanung wie jeder Planung zugrunde liegen muß, wenn sie vollständig und widerspruchsfrei sein soll. Ein solches Modell ist erforderlich, weil die wirtschaftliche Wirklichkeit zu komplex ist, um intuitiv übersehen werden zu können. Ziel dieser Arbeit ist es, ein Modell der Bestandsplanung aufzustellen.

Im Grunde geht es bei der Bestandsplanung darum, die beschränkten Mittel der Gesellschaft optimal auf die einzelnen Sparten zu verteilen. Möglicherweise könnte man die Prämieneinnahme in der Maschinenversicherung um mehr als die Hälfte steigern, wenn man sich im nächsten Jahr ausschließlich auf diese eine Sparte konzentrieren würde. Man müßte dann allerdings alle anderen Sparten vernachlässigen. Eine solche Geschäftspolitik wäre vom Standpunkt der geförderten Sparte aus vielleicht zu befürworten; ob es sich aber um eine für das Gesamtunternehmen kluge Entscheidung handeln würde, ist mehr als zweifelhaft.

Die Unternehmensleitung braucht konkrete Vorstellungen darüber, in welchem Umfang sie die einzelnen Sparten im Interesse des Gesamtunternehmens fördern kann und soll. Die nötigen Anhaltspunkte liefert eine Bestandsplanung, die diejenige Bestandsgröße und -zusammensetzung festlegt, die für das Gesamtunternehmen erreichbar und optimal ist. Einer solchen Bestandsplanung bedürfen nicht nur Kompositversicherer oder Versicherungskonzerne mit einem gemeinsamen Außendienst für die verbundenen Unternehmen, sondern auch reine Einbranchengesellschaften mit eigenem Außendienst. Einmal setzt sich der Bestand auch dieser Gesellschaften nicht nur aus homogenen Verträgen zusammen, so daß hier ebenfalls bestimmte Verträge attraktiver sein können als andere. Zum anderen bleibt auch bei homogenen Versicherungsbeständen die Aufgabe, die optimale Bestandsgröße zu bestimmen.

Zunächst soll ein Überblick über die modernen Planungsmethoden gegeben werden. Da der optimale Versicherungsbestand entscheidend vom versicherungstechnischen Risiko beeinflußt wird, ist ferner ein kurzer Abriß der Risikotheorie erforderlich, der wiederum nur verständlich ist, wenn man vorher einige wahrscheinlichkeitstheoretische Grundbegriffe geklärt hat. Planungsmethoden, Wahrscheinlichkeits- und Risikotheorie bilden das Instrumentarium, mit dessen Hilfe sich das Modell der Bestandsplanung aufbauen läßt.

Eine Planung kann die ihr gestellte Aufgabe nur erfüllen, wenn das zu verfolgende Ziel klar und widerspruchsfrei definiert ist. Den Planungsbemühungen der Praxis scheinen vielfach keine präzisen Zielvorstellungen zugrunde zu liegen. Insbesondere dürfte man sich oft über die entstehenden Zielkonflikte nicht im klaren sein. Bei der Darstellung der möglichen Unternehmensziele wird sich zeigen, daß eine widerspruchsfreie Zielsetzung eines Versicherers nur mit Hilfe des spieltheoretischen Nutzenbegriffes definiert werden kann. Diese Erkenntnis bedingt eine Auseinandersetzung mit der modernen Nutzentheorie.

Die Zielgröße wird von den Kosten und den Erlösen beeinflußt, die in Abhängigkeit von der Bestandsgröße und -zusammensetzung darzustellen sind, um einen eindeutigen Zusammenhang zwischen Unternehmensziel und Versicherungsbestand zu erreichen. Hierbei ergeben sich besondere Schwierigkeiten, weil die Schadenkosten in der Versicherung zufallsabhängig sind und weil zwischen den Prämieneinnahmen in den einzelnen Sparten Abhängigkeiten bestehen.

Alle Überlegungen über Planungsmethoden, Wahrscheinlichkeit, Risiko, Unternehmensziele, Nutzen, Kosten und Erlöse münden ein in das Modell der Bestandsplanung, das zunächst nur für erwerbswirtschaftliche Versicherer aufgestellt wird. Hieran anschließend soll gezeigt werden, worin sich das Planungsmodell der Versicherungsvereine und der öffentlich-rechtlichen Versicherungsanstalten von dem erwerbswirtschaftlicher Versicherer unterscheidet.

Die sich ergebenden Planungsmodelle können auf alle Erstversicherungsunternehmen Anwendung finden, die feste Prämien vereinbaren. Die Möglichkeit der Beitragsrückerstattung wird der Vollständigkeit halber berücksichtigt. Für die Anwendbarkeit der Modelle spielt es keine Rolle, ob die Gesellschaften eine oder mehrere Sparten betreiben und um welche Sparten es sich im einzelnen handelt. Lediglich Fragen der Deckungsrückstellung werden vernachlässigt. Mit dieser Ausnahme zeigen die Modelle den Zusammenhang zwischen allen relevanten Größen, die bei einer umfassenden Bestandsplanung zu berücksichtigen sind.

Die vorliegende Arbeit ist weitgehend theoretisch, ihr Abstraktionsgrad ist relativ hoch. Der Praktiker erhält keine fertige Anweisung für die Durchführung der Bestandsplanung im Versicherungsbetrieb. Er wird aber über die theoretische Basis einer solchen Planung informiert und damit in die Lage versetzt, die bisherigen Verfahren neu zu durchdenken, Widersprüche aufzudecken und grundlegende Fehler zu beseitigen.

# B. Planung des Versicherungsbestandes

Planung ist ein Instrument rationaler Unternehmensführung. Durch die Planung werden betriebliche Tätigkeiten im voraus festgelegt, es wird eine Ordnung entworfen[1], in der sich die betriebliche Tätigkeit vollziehen soll.

Die betrieblichen Tätigkeiten faßt man zu Gruppen oder Tätigkeitskomplexen[2] zusammen, die als Funktionen bezeichnet werden. Es gibt so viele Teilbereiche der Planung, wie es betriebliche Funktionen gibt. Die Hauptfunktionen sind Produktion, Absatz und Finanzierung. Somit sind die wichtigsten Teilpläne der Produktions-, der Absatz- und der Finanzplan.

Alle Teilpläne wiederum können zu einem Gesamtplan zusammengefaßt werden, der sämtliche betrieblichen Tätigkeiten zu koordinieren versucht. Nur etwa ein Drittel der Industriebetriebe in der Bundesrepublik, die überhaupt Pläne aufstellen, verfügen über eine Gesamtplanung[3]. Ob es in der Bundesrepublik VU gibt, die einen Gesamtplan aufstellen, ist unbekannt. Es ist jedoch unwahrscheinlich, da die Planung im Versicherungsbetrieb weniger entwickelt ist als in der Industrie[4]. Selbstverständlich werden im Versicherungsbetrieb aber Teilpläne erstellt, wobei man sich vornehmlich auf den Finanz- und den Produktionsbereich konzentriert.

## I. Bestandsplanung als Teil der Produktionsplanung

Die Planung des Versicherungsbestandes ist Teil der Produktionsplanung, die in Programmplanung, Bereitstellungsplanung und Prozeßplanung zerfällt. Die Programmplanung legt fest, welche Erzeugnisarten und -mengen in der Planungsperiode hergestellt werden sollen. Die Bereitstellungsplanung regelt den Einsatz der produktiven Faktoren nach Art, Menge und Zeit. Die Prozeßplanung schließlich

---

[1] *Gutenberg*, Erich: Grundlagen der Betriebswirtschaftslehre, 1. Band: Die Produktion, 10. Auflage, Berlin, Heidelberg 1965, S. 147.

[2] *Rößle*, Karl: Funktionen, betriebswirtschaftliche, Handwörterbuch der Betriebswirtschaft, Band II, 3. Auflage, Stuttgart 1957/58, Sp. 2091.

[3] *Strigel*, W.: Planstrategen als Spitzenreiter, Der Volkswirt 1966, S. 811.

[4] *Farny*, Dieter: Produktions- und Kostentheorie der Versicherung, Karlsruhe 1965, S. 40.

ist eine Planung der zeitlichen Ordnung, in der die Produktion ab-laufen soll[5].

Um die Stellung der Bestandsplanung im System der betrieblichen Planung zu zeigen, ist es erforderlich, den Begriff der Versicherungs-produktion zu klären. Hierunter versteht man in der Praxis nur das Neugeschäft. Diese Terminologie ist irreführend, da sie den Eindruck erweckt, die produktive Leistung des Versicherers sei mit dem Ab-schluß des Versicherungsvertrages beendet. Der Versicherer erbringt jedoch eine Dauerleistung, die mit dem Abschluß der Versicherung beginnt und bis zum Ablauf des Vertrages anhält. Kennzeichnend für den Versicherungsbetrieb ist die permanente Produktion[6], die den gesamten Versicherungsbestand umfaßt. Kommt ein neuer Vertrag hinzu, so erhöht sich die Produktion des Versicherers entsprechend.

Die Bestandplanung legt die $n_1, n_2, \ldots, n_m$ Versicherungen in $m$ Sparten fest, die der Versicherungsbestand in der kommenden Pla-nungsperiode umfassen soll. Dabei wird eine Sparte als Gruppe homogener Verträge aufgefaßt. Da der gesamte Bestand unter Pro-duktion steht, ist die Planung des Versicherungsbestandes also iden-tisch mit der Planung des Produktionsprogrammes.

Eine Besonderheit der Versicherungswirtschaft besteht darin, daß das optimale Produktionsprogramm gleichzeitig das optimale Absatz-programm beinhaltet und umgekehrt. Der Grund hierfür ist, daß man Versicherungen wie alle Dienstleistungen nicht auf Lager pro-duzieren kann. Man kann vielmehr nur solche Versicherungen produzieren, die bereits abgesetzt sind. Wenn ein VU plant, in der kommenden Periode 11 000 Unfallversicherungen statt bisher 10 000 zu produzieren, so ist die Produktion um 1000 Verträge zu erhöhen. Rechnet man gleichzeitig mit 1000 Abgängen in der Planungsperiode, so müssen 2000 Versicherungen neu abgesetzt werden, um das Planungsziel zu erreichen.

Im Gegensatz zu Industriebetrieben ergibt sich in der Versicherungs-wirtschaft also nicht das Problem, Programmplanung und Absatz-planung aufeinander abzustimmen, was sehr schwierig ist, wenn der Absatz starken Schwankungen unterliegt, die Produktion aber aus technischen Gründen gleichmäßig verlaufen muß[7]. Statt einer Pro-grammplanung und einer Absatzplanung braucht ein VU nur die Bestandsplanung, die sowohl das optimale Produktionsprogramm als auch das optimale Absatzprogramm festlegt.

---

[5] *Gutenberg*, Produktion, S. 148.

[6] *Farny*, Produktions- und Kostentheorie, S. 31.

[7] Vgl. hierzu *Gutenberg*, Produktion, S. 164 ff.; *Zimmermann*, Hans-Jürgen: Mathematische Entscheidungsforschung und ihre Anwendung auf die Pro-duktionspolitik, Berlin 1963, S. 104.

## II. Die modelltheoretische Betrachtungsweise

Keine Planung ist in der Lage, die gesamte Vielfalt der Wirklichkeit zu erfassen. Die Planung konzentriert sich lediglich auf ausgesuchte wichtige Tatbestände und arbeitet im allgemeinen mit starken Vereinfachungen. Insofern ist die Planung ein Abbild der Wirklichkeit, ein Modell, das den komplexen Sachverhalt der Wirklichkeit auf ein vereinfachtes gedankliches Gebilde reduziert[8].

Ein Modell kann der Wirklichkeit mehr oder weniger ähnlich sein, es wird aber nie völlig mit der Wirklichkeit übereinstimmen. Im allgemeinen darf man annehmen, daß die Kompliziertheit eines Modells mit wachsender Wirklichkeitsnähe zunimmt. Insofern ist jedes Modell ein Kompromiß zwischen einfacher Gestaltung und Wirklichkeitsnähe. Der Abstraktionsgrad einer Planung muß mehr oder weniger willkürlich festgelegt werden. Diese Entscheidung wird vor allem von den Kosten abhängen, die mit steigender Genauigkeit progressiv wachsen können[9].

Wenn auch der erforderliche Abstraktionsgrad einer Planung weitgehend eine Ermessensfrage ist, so muß das einer Planung zugrundeliegende gedankliche Modell jedoch logisch geschlossen und widerspruchsfrei sein. Diese Anforderung ist an jedes Planungsmodell unabhängig von seinem Abstraktionsgrad zu stellen, da man sonst nicht einmal bedingt richtige Ergebnisse erwarten kann.

### 1. Erklärungs- und Entscheidungsmodelle

Der Zusammenhang zwischen Planung und modelltheoretischer Betrachtungsweise wird am Unterschied zwischen Erklärungs- und Entscheidungsmodellen deutlich. Diese beiden Modelltypen unterscheiden sich nicht grundsätzlich, sondern nur hinsichtlich ihres Abstraktionsgrades und der in das Modell eingehenden Daten.

Ein Erklärungsmodell hat die Aufgabe, betriebliche Zusammenhänge sichtbar zu machen. Es kann deshalb einen relativ hohen Abstraktionsgrad aufweisen, mitunter genügt eine verbale Darstellung. Wird es mathematisch formuliert, so brauchen, wenn überhaupt, nur angenommene Zahlen eingesetzt zu werden. Beim Entscheidungsmodell geht es darum, künftiges betriebliches Geschehen gedanklich vorwegzunehmen und zu erfassen[10]. Deshalb muß das Entscheidungsmodell

---

[8] Vgl. *Kosiol*, Erich: Modellanalyse als Grundlage unternehmerischer Entscheidungen, Zeitschrift für handelswissenschaftliche Forschung 1961, S. 320.

[9] *Kern*, Werner: Operations Research, Stuttgart 1964, S. 27; *Sabel*, Hermann: Die Grundlagen der Wirtschaftlichkeitsrechnungen, Berlin 1965, S. 173.

[10] *Angermann*, Adolf: Entscheidungsmodelle, Frankfurt 1963, S. 15.

wirklichkeitsnah sein und zu einer mathematischen Darstellung und Durchdringung führen[11]. Nur dann ist es sinnvoll, empirisch relevante Zahlen in das Modell einzusetzen und die gewonnenen Ergebnisse zur Grundlage betrieblicher Entscheidungen zu machen.

Jeder Planung liegt ein Entscheidungsmodell zugrunde, und zwar auch dann, wenn wesentliche Teile der Planung nur intuitiv aufgestellt werden. In diesem Falle ist das zugrunde liegende Modell nicht schriftlich, sondern nur gedanklich fixiert. Das qualitative Niveau einer solchen Planung kann nicht sehr hoch sein, da betriebliche Vorgänge zu komplex sind, um intuitiv übersehen werden zu können. Es ist zwar bekannt, daß verschiedene VU Jahr für Jahr Produktionssollzahlen setzen, es ist aber nicht bekannt, daß diese Sollzahlen auf einem schriftlich fixierten und logisch geschlossenen Entscheidungsmodell beruhen. Bei der Bestandsplanung der Praxis dürfte es sich deshalb lediglich um eine Konkretisierung gewisser intuitiver Vorstellungen der Unternehmensleitung handeln.

### 2. Haupteigenschaften moderner Planungsmodelle

Die Modellanalyse hat in den Wirtschaftswissenschaften seit jeher eine große Bedeutung, weil Experimente in der wirtschaftlichen Praxis wegen ihrer schwerwiegenden Folgen meist undurchführbar sind[12]. Trotzdem begnügte man sich lange Zeit mit einfachen, meist verbal formulierten Modellen, wobei die Erklärungmodelle gegenüber den Entscheidungsmodellen den Vorrang hatten. Erst in neuerer Zeit ist es gelungen, umfangreiche wirklichkeitsnahe Entscheidungsmodelle aufzustellen und zu lösen, die als Grundlage für eine betriebliche Planung dienen können. Diese Entwicklung ist auf die moderne Unternehmensforschung (Operations Research) zurückzuführen, eine neue Disziplin, die auch auf außerwirtschaftliche Bereiche anwendbar ist. Im folgenden sollen die Haupteigenschaften moderner Entscheidungsmodelle kurz dargestellt werden.

### a) Sukzessive und simultane Modelle

Kennzeichnend für die modernen Entscheidungsmodelle ist unter anderem, daß es sich in der Hauptsache um multidimensionale Probleme handelt. Während die klassischen ökonomischen Modelle mit einer abhängigen und einer oder höchstens zwei unabhängigen Variablen arbeiten, sind heute in der amerikanischen Industrie Planungsmodelle mit mehreren tausend Variablen keine Seltenheit mehr[13].

---

[11] *Morgenstern*, Oskar: Die Theorie der Spiele und des wirtschaftlichen Verhaltens, in: Spieltheorie und Wirtschaftswissenschaften, Wien 1963, S. 77.
[12] *Kern*, Operations Research, S. 10.
[13] *Kern*, Operations Research, S. 28.

Die Wende setzte ein mit den neuartigen mathematischen Methoden der Unternehmensforschung und nicht zuletzt auch mit der Entwicklung der elektronischen Datenverarbeitungsanlagen, die es ermöglichen, die teilweise außerordentlich langwierigen Berechnungen mit einem vertretbaren Zeitaufwand zu bewältigen.

Für die traditionelle Behandlung umfangreicher Probleme ist die sukzessive Methode typisch. Es werden willkürlich verschiedene Variablen als konstante Plandaten angenommen, und man beschränkt sich darauf, höchstens zwei unabhängige Variablen einem Optimum zuzuführen. Bei simultanen Modellen leitet man dagegen alle Variablen zu einem gemeinsamen Optimum, wobei das System lediglich gewissen Beschränkungen in Form von Nebenbedingungen unterliegt. Die Ceteris-paribus-Bedingung wird weitgehend durch die Mutatismutandis-Annahme ersetzt[14].

Der Gegensatz zwischen sukzessiven und simultanen Modellen ist eng mit dem Unterschied zwischen Teiloptima und Totaloptima verwandt. Wenn ein VU mehrere Sparten betreibt, so kann es sich darauf beschränken, in der kommenden Planungsperiode nur eine Sparte zu fördern, diese aber so weit wie möglich. Es wird dann zwar auch ein Optimum erreicht, aber eben nur ein Teiloptimum, denn wahrscheinlich wäre es vom Unternehmungsganzen her besser gewesen, die vorhandenen Mittel zur Förderung aller oder wenigstens mehrerer Sparten einzusetzen. Nur ein simultanes Modell ist in der Lage, die vorhandenen Mittel so auf die einzelnen Sparten zu verteilen, daß ein Totaloptimum erreicht wird.

Man muß sich allerdings darüber im klaren sein, daß auch ein solches Totaloptimum nur einen bestimmten betrieblichen Teilbereich erfaßt, wie hier die Bestandspolitik. Es ist vorerst und wahrscheinlich auch für immer ausgeschlossen, das gesamte wirtschaftliche Geschehen in einer Unternehmung simultan einem Totaloptimum zuzuführen[15]. Es ist sogar ein besonderes Wesensmerkmal der Unternehmensforschung, betriebliche Sachverhalte aus dem Zusammenhang herauszunehmen und getrennt zu behandeln[16].

### b) Deterministische und stochastische Modelle

Planung ist in die Zukunft gerichtet. Da niemand in die Zukunft blicken kann, sind alle in die Planung eingehenden Daten ungewiß. Die Möglichkeit, daß die effektiven Daten von den Plandaten abweichen, ist nicht auszuschließen. Sie wird als Risiko bezeichnet.

---

[14] Vgl. *Kern*, Operations Research, S. 10.
[15] *Kern*, Operations Research, S. 13.
[16] *Kulhavy*, Ernest: Operations Research, Wiesbaden 1963, S. 127.

Vernachlässigt man dieses Risiko, so verhält man sich, als ob der
Planende die zukünftige Entwicklung voraussehen könnte. Man arbeitet mit der Prämisse vollkommener Voraussicht. Solche Modelle
nennt man deterministisch. Deterministische Modelle sind nur dort
zulässig, wo das Risiko der Planabweichungen relativ klein ist. Hiervon
kann man in der Industrie vielfach ausgehen, wenn man lediglich
den Produktionsbereich betrachtet[17]. In der Versicherung ist aber
gerade dieser Bereich einem arteigenen Risiko ausgesetzt, das so erheblich ist, daß es nicht vernachlässigt werden darf. Die Planung des
Produktionsprogrammes kann in der Versicherung im Gegensatz zur
Industrie also nicht auf einem deterministischen Modell aufgebaut
werden.

Entscheidungsmodelle, die das Risiko berücksichtigen, heißen stochastisch. Die Unternehmensforschung hat bereits zahlreiche Methoden
zur Lösung stochastischer Probleme entwickelt, die im allgemeinen
wesentlich komplizierter sind als die Lösungsmethoden bei deterministischen Modellen.

### c) Statische und dynamische Modelle

Bei der Bildung statischer Modelle bleibt der Zeitfaktor unberücksichtigt. Alle relevanten Größen werden auf einen Zeitpunkt bezogen.
Das Geschäftsjahr eines VU erscheint bei statischer Betrachtungsweise
als ein Zeitpunkt, in dem sämtliche Prämien auf einmal eingehen
und sämtliche Schäden auf einmal ausgezahlt werden. Gegenstand der
Untersuchung ist unter statischem Aspekt lediglich der Zustand des
Systems, der innerhalb der betrachteten Periode als vom Zeitablauf
unabhängig angenommen wird.

Ein dynamisches Modell unterscheidet sich von einem statischen
dadurch, daß auch nach den Änderungen des Systems in der Zeit
gefragt wird[16]. Einmal können sich die Umweltverhältnisse geändert
haben, was im Modell durch eine Änderung der Koeffizienten zum
Ausdruck kommt. Die Koeffizienten des Modells, die den von außen
gegebenen Datenkranz des Systems darstellen, sind also nicht mehr
unabänderlich, sondern zeitabhängig. Außerdem ist zu berücksichtigen,
daß die in den Vorperioden getroffenen Entscheidungen auf die Ver-
hältnisse in den nachfolgenden Perioden einwirken.

Bei dynamischer Betrachtungsweise wird der untersuchte Zeitraum
in verschiedene, möglichst gleich große Intervalle zerlegt. Zu Beginn
eines jeden Zeitabschnittes wird eine neue Entscheidung getroffen, die
sowohl von dem Ergebnis der vorherigen Entscheidungen als auch von

---

[17] *Kulhavy*, Operations Research, S. 99.
[18] *Angermann*, Entscheidungsmodelle, S. 36.

der erwarteten zukünftigen Entwicklung abhängt. Damit verwandelt sich der einstufige Entscheidungsprozeß in einen mehrstufigen[19]. Bei solchen sequentiellen Modellen spricht man nicht mehr von Entscheidungen, sondern von einer Politik oder Strategie. Eine solche Strategie ist eine von vornherein festgelegte Regel für spätere Entscheidungen. Ziel der dynamischen Entscheidungsmodelle ist es, eine optimale Strategie festzulegen.

Zur Ermittlung einer optimalen Strategie kann man den Untersuchungszeitraum in endlich große Zeitabschnitte zerlegen. Man erhält dann diskontinuierliche Modelle im Gegensatz zu den kontinuierlichen Modellen, bei denen der Untersuchungszeitraum in infinitesimale Intervalle zerteilt wird[20]. Im ersteren Falle unterstellt man, daß sich das System nach Ablauf der einzelnen Intervalle sprunghaft ändert, innerhalb dieser Zeitabschnitte aber unverändert bleibt. Bei kontinuierlichen Modellen nimmt man stetige Änderungen im Zeitablauf an.

Zur dynamischen Entscheidungstheorie hat sich bereits eine eigenständige Spezialliteratur herausgebildet[21]. Der Trend der zukünftigen Entwicklung der Entscheidungstheorie weist in diese Richtung.

### d) Lineare und nichtlineare Modelle

Vielfach führt die Aufstellung von Entscheidungsmodellen zu Funktionen höheren als ersten Grades. Man spricht dann von nichtlinearen Modellen. Die Planung des Produktionsprogrammes wird bereits dann zu einem nichtlinearen Problem, wenn man annimmt, daß der Preis nicht unveränderlich ist, sondern von der Zahl der abgesetzten Produkte abhängt.

Die Lösung multidimensionaler linearer Modelle ist am weitesten ausgebaut. Zur sogenannten linearen Programmierung, einem der ältesten Verfahren der Unternehmensforschung, gibt es eine umfangreiche Spezialliteratur, von der die deutschsprachigen Werke von Beckmann[22], Krelle-Künzi[23] und Vajda[24] erwähnt seien. Eine kurze Darstellung der linearen Programmierung und insbesondere der

---

[19] *Zimmermann*, Entscheidungsforschung, S. 35; *Kulhavy*, Operations Research, S. 61 f.

[20] *Förstner-Henn:* Dynamische Produktionstheorie und Lineare Programmierung, Meisenheim 1957, S. 32 ff.

[21] Vgl. z. B. *Förstner-Henn*, Dynamische Produktionstheorie; *Hadley*, G.: Nonlinear and dynamic programming, Reading 1964; *Bellman-Dreyfus:* Applied dynamic programming, Princeton 1962; *Howard*, Ronald A.: Dynamic programming and Markow processes, New York 1960.

[22] *Beckmann*, M.: Lineare Planungsrechnung, Ludwigshafen 1959.

[23] *Krelle-Künzi:* Lineare Programmierung, Zürich 1958.

[24] *Vajda*, S.: Lineare Programmierung, Zürich 1960.

Simplexmethode findet sich in jedem Lehrbuch über Unternehmensforschung.

Die eigentliche Schwierigkeit bei der Lösung multidimensionaler nichtlinearer Modelle besteht darin, daß nichtlineare Funktionen unendlich viele Formen annehmen können. Eine praktikable allgemeine Lösung ist deshalb nicht denkbar[25]. Aus diesem Grund ist es mathematisch sehr bedeutsam, ob die Funktionen konkav oder konvex sind. Ferner ist von Wichtigkeit, ob es sich um Funktionen zweiten oder höheren Grades handelt. Wichtige Arbeiten zur nichtlinearen Programmierung sind die von Künzi-Krelle[26], Boot[27] und Hadley[28].

## III. Das Produktionsmodell

Die Programmplanung legt fest, welche Erzeugnisarten und -mengen in der Planungsperiode hergestellt werden sollen. Unterstellt man, daß die einzelnen Versicherungssparten Gruppen homogener Verträge sind, so weist die Programmplanung in der Versicherungswirtschaft die $n_1, n_2, .., n_m$ Versicherungen in $m$ Sparten aus, die der Versicherungsbestand im kommenden Planungszeitraum umfassen soll. Das Modell der Programmplanung nennt man kurz Produktionsmodell[29].

Das Produktionsmodell ist ein Entscheidungsmodell. Es besteht aus einer Zielfunktion und Nebenbedingungen. In der Zielfunktion kommt zum Ausdruck, daß diejenige Bestandsgröße und -zusammensetzung angestrebt wird, die das Unternehmensziel maximiert. Produktion ist nie Selbstzweck, sondern immer nur Mittel zur Erreichung eines bestimmten Unternehmenszieles. Unterstellt man, daß ein VU Gewinnmaximierung anstrebt, so ergibt das Produktionsmodell die $n_1, n_2, .., n_m$ Versicherungen in $m$ Sparten, die zum maximalen Gesamtgewinn der Planungsperiode unter Berücksichtigung der dem Unternehmen zur Verfügung stehenden Mittel und Möglichkeiten führen. Das aber ist der optimale Versicherungsbestand, optimal im Hinblick auf das verfolgte Unternehmensziel.

---

[25] *Zimmermann*, Entscheidungsforschung, S. 31.

[26] *Künzi-Krelle:* Nichtlineare Programmierung, Berlin, Göttingen, Heidelberg 1962.

[27] *Boot*, John C. G.: Quadratic programming, Amsterdam 1964.

[28] *Hadley*, Nonlinear and dynamic programming.

[29] *Gutenberg*, Produktion, S. 150 ff.

## 1. Zielfunktion

Der Gesamtgewinn $G$ eines VU wird im wesentlichen von den Prämien und den Kosten einschließlich der Schadenkosten beeinflußt. Prämien und Kosten wiederum hängen ab von der Anzahl der in den einzelnen Sparten produzierten Versicherungen.

Wir betrachten zunächst einen Einbranchenversicherer mit ausschließlich homogenen Verträgen. Die Prämie für einen Vertrag wird mit $p$ bezeichnet. Die Kosten pro Vertrag erhalten das Symbol $k$. Die zu maximierende Zielfunktion im Produktionsmodell dieses Versicherers lautet somit:

(1)                      $$G(n) = np - nk$$

Der Gesamtgewinn $G$ wird als Funktion von $n$ aufgefaßt. $n$ bezeichnet die Anzahl der Versicherungsverträge und ist die unabhängige Variable. $G$ ist die abhängige Variable. Die Koeffizienten $p$ und $k$ sind Konstanten. Gesucht ist dasjenige $n$, das den Gesamtgewinn maximiert.

Betreibt das VU mehrere Sparten, so ist die Zielfunktion folgendermaßen zu erweitern:

(2)             $$G(n_1, n_2, \ldots, n_m) = \sum_{j=1}^{m} (n_j p_j - n_j k_j)$$

Hierbei handelt es sich um eine multidimensionale Funktion ersten Grades, die sich einem bildlichen Vorstellungsvermögen entzieht, wenn $m > 2$. Sie ergibt die $n_1, n_2, \ldots, n_m$ Versicherungen in $m$ Sparten, die den Gesamtgewinn maximieren. Erhält man für ein $n_j$ den Wert 0, so bedeutet das, daß die betreffende Sparte aufgegeben werden muß. Andererseits kann man aber auch Sparten in die Zielfunktion einbeziehen, die das VU noch nicht betreibt, aber gerne aufnehmen möchte. Ergibt sich für eine solche Sparte ein Wert $> 0$, so ist die Aufnahme des neuen Versicherungszweiges von Vorteil. Insofern legt das Produktionsmodell nicht nur die Produktionsmengen eines gegebenen Sortiments, sondern auch das Sortiment selbst fest.

Eine wesentliche Erweiterung des Produktionsmodelles entsteht dadurch, daß man die Prämien nicht als konstant, sondern ihrerseits als Funktion der Anzahl der produzierten Versicherungen ansieht. Eine solche Annahme ist notwendig, wenn sich das Prämienniveau bei steigender Ausbringung ändert. Die Zielfunktion muß dann wie folgt lauten:

(3)             $$G(n_1, n_2, \ldots, n_m) = \sum_{j=1}^{m} [n_j p_j(n_j) - n_j k_j]$$

Diese allgemeinere Zielfunktion ist meist höheren Grades. Sie enthält die Zielfunktion (2) als einen Grenzfall. Haben wir es bei der Lösung eines Produktionsmodelles mit einer Zielfunktion höheren Grades zu tun, so muß diese entweder linearisiert werden, oder man muß mit den Methoden der nichtlinearen Programmierung arbeiten.

## 2. Nebenbedingungen

Die Zielfunktion unterliegt in der Praxis einer Reihe von Beschränkungen, die als Nebenbedingungen in das Produktionsmodell eingehen. So ist es beispielsweise unmöglich, unendlich viele Versicherungen zu produzieren, auch kann man keine negativen Mengen ausbringen. Daneben enthält ein Produktionsmodell noch eine Reihe anderer Beschränkungen, die in der Versicherungswirtschaft hauptsächlich absatzwirtschaftlicher, kapazitätsmäßiger und finanzieller Art sind. Man kann nicht mehr Versicherungen abschließen, als es versicherbare Objekte gibt. Der Außendienst ist nur in der Lage, in einer Periode eine bestimmte Anzahl neuer Kunden zu werben. Schließlich fallen in einigen Sparten hohe Abschlußkosten an, die vom VU vorfinanziert werden müssen. Die hierfür zur Verfügung stehenden Mittel setzen eine weitere Grenze.

Die Nebenbedingungen engen den Bereich der zulässigen Lösungen ein. Bei der Maximierung der Zielfunktion stößt man an vielen Stellen auf Grenzen. Ein optimaler Versicherungsbestand braucht aber nicht unbedingt alle dem VU zur Verfügung stehenden Möglichkeiten auszuschöpfen. Vielfach bleiben Leerkapazitäten. Wenn sich bei der Lösung des Produktionsmodelles beispielsweise herausstellt, daß eine bestimmte unrentable Sparte aufgegeben oder eingeschränkt werden muß, so ist klar, daß Produktionsfaktoren frei werden.

Im Grund handelt es sich bei jedem Produktionsmodell um ein Zuteilungsproblem[30]. Es steht eine Reihe von Mitteln zur Verfügung, für die es verschiedene Verwendungsmöglichkeiten gibt. So kann man mit einem bestimmten Vertreterstab Versicherungen in verschiedenen Sparten werben. Die Mittel reichen aber nicht aus, um alle Sparten in größtmöglichem Umfang zu fördern. Deshalb muß man die vorhandenen Mittel so auf die einzelnen Sparten verteilen, daß insgesamt das beste Ergebnis erzielt wird.

## 3. Formale Gestalt

Ein Produktionsmodell hat ungefähr folgende formale Gestalt:

$$G\left(n_1, n_2, .., n_m\right) = \sum_{j=1}^{m} \left[n_j p_j\left(n_j\right) - n_j k_j\right]$$

---

[30] *Churchman-Ackoff-Arnoff:* Operations Research, Wien 1961, S. 24.

Die Zielfunktion ist zu maximieren unter folgenden Nebenbedingungen:

$$n_1 \leqq 1\,000$$
$$n_2 \leqq 5\,000$$

.

.

.

$$n_m \leqq \quad 600$$
$$n_1 + n_2 + \ldots + n_m \leqq 10\,000$$
$$n_1, n_2, \ldots, n_m \geqq 0$$

Die Lösung eines solchen Produktionsmodells, angewandt auf die Versicherungswirtschaft, ergibt die optimale Bestandsgröße und -zusammensetzung, kurz den optimalen Versicherungsbestand. Das Modell ist simultan, deterministisch, statisch und nichtlinear.

Das Modell ist simultan, weil die Anzahl der Versicherungen in allen Sparten als Variable aufgefaßt wird. Es ist deterministisch, weil das Risiko vernachlässigt wurde, das insbesondere mit den Schadenkosten verbunden ist. Da die gesamten Prämieneinnahmen der Periode den gesamten Kosten der Periode gegenübergestellt werden, ist das Modell statisch. Alle relevanten Größen sind gleichsam auf einen Zeitpunkt bezogen. Schließlich ist das Modell nichtlinear, wenn das Prämienniveau von der Zahl der produzierten Versicherungen abhängt.

Im folgenden werden wir versuchen, dieses formale Gerüst so abzuändern und zu interpretieren, daß es auf die Versicherungswirtschaft paßt. Dazu ist in erster Linie erforderlich, das deterministische Modell in ein stochastisches abzuwandeln. Dies wiederum bedingt eine vorherige Auseinandersetzung mit den Grundbegriffen der Wahrscheinlichkeits- und der Risikotheorie.

## C. Grundbegriffe der Wahrscheinlichkeitstheorie

Die Wahrscheinlichkeitstheorie ist eine mathematische Theorie. Sie wird heute, ähnlich wie die Geometrie, auf Axiomen aufgebaut. Hierunter versteht man bestimmte Grundannahmen, die unbewiesen bleiben. Ein Axiom der Geometrie ist beispielsweise die Annahme, daß eine Gerade die kürzeste Verbindung zwischen zwei Punkten ist. Die Axiome können in gewisser Weise willkürlich gewählt werden, sie dürfen sich aber nicht widersprechen. Kommt man mit Hilfe einer auf Axiome gegründeten Theorie zu empirisch annehmbaren Ergebnissen, so besteht Grund zur Annahme, daß die Struktur der Wirklichkeit durch das Axiomensystem gut erfaßt ist[1].

Im folgenden soll versucht werden, die für uns wesentlichsten Grundbegriffe der Wahrscheinlichkeitslehre in Übereinstimmung mit der mathematischen Theorie zu erarbeiten. Wenn es sich hierbei auch nur um die Wiedergabe längst bekannter Dinge handeln kann, scheint eine solche Einführung dennoch zweckmäßig zu sein, weil in der Literatur mitunter etwas leichtfertig mit Begriffen aus der Wahrscheinlichkeitstheorie operiert wird[2]. Einen Anspruch auf Vollständigkeit oder letzte mathematische Genauigkeit können allerdings auch die folgenden Ausführungen nicht erheben. Der Verfasser war jedoch bemüht, sich so eng wie möglich an die mathematische Theorie anzulehnen.

### I. Wahrscheinlichkeit

In einer bestimmten vorgegebenen Situation sind verschiedene Ereignisse $A, B, C \ldots$ denkbar. Herr Müller besitzt ein Haus. Dieses Haus wird im nächsten Jahr abbrennen (Ereignis $A$) oder nicht (Ereignis $B$). Es ist unbekannt, welches Ereignis wirklich eintreten wird. Aus früheren Erfahrungen weiß man aber, daß ein Ereignis häufiger als ein anderes einzutreten pflegt. So ist bekannt, um im Beispiel zu bleiben,

---

[1] *Richter*, Hans: Wahrscheinlichkeitstheorie, Berlin, Göttingen, Heidelberg 1956, S. 51.

[2] Vgl. z. B. die unrichtige Definition des Erwartungswertes als Produkt aus Wahrscheinlichkeit und häufigstem Wert bei *Albach*, Horst: Wirtschaftlichkeitsrechnung bei unsicheren Erwartungen, Köln, Opladen 1959, S. 95; *Sabel*, Wirtschaftlichkeitsrechnungen, S. 50.

daß mehr Häuser stehenbleiben als abbrennen. Man kann den Voraussagen, es werde das Ereignis *A* oder *B* eintreten, Gewichte zuordnen. Diese Gewichte heißen Wahrscheinlichkeit.

Es ist nützlich anzunehmen, daß für alle uns interessierenden künftigen Ereignisse objektive Wahrscheinlichkeiten existieren, die wir zwar nicht kennen, auf die wir aber mit Hilfe von Experimenten schließen können[3]. Die Beantwortung der Frage, ob diese Voraussetzung für alle zukünftigen Ereignisse schlechthin zutrifft, müssen wir den Philosophen überlassen.

Betrachtet man das Ereignis *A*, so läßt sich die zugehörige Wahrscheinlichkeit als eine Funktion von *A* auffassen. Für die Wahrscheinlichkeit des Ereignisses *A* schreiben wir also $P(A)$. Es ist möglich, daß durch den Eintritt eines Ereignisses *B* das Ereignis *A* wahrscheinlicher wird. Wenn die Mutter an Grippe erkrankt, steigt die Wahrscheinlichkeit, daß der Krankheitsfall auch beim Kind eintritt. Die bedingte Wahrscheinlichkeit, daß *A* eintritt, nachdem *B* eingetreten ist, bezeichnet man mit $P(A|B)$. Ist $P(A|B)$ gleich $P(A)$, so sind die beiden Ereignisse definitionsgemäß voneinander stochastisch unabhängig, ist $P(A|B)$ größer oder kleiner als $P(A)$, so sind sie voneinander abhängig.

Die Wahrscheinlichkeit ist eine reelle Zahl zwischen 0 und 1 $(0 \leq P \leq 1)$. Ist ein Ereignis unmöglich, so wird ihm die Zahl 0 zugeordnet, im Falle der Sicherheit die Zahl 1. Dieser Satz ist aber nicht umkehrbar[4]. Hat ein Ereignis die Wahrscheinlichkeit 0, so läßt sich zeigen, daß dieses Ereignis unter bestimmten Umständen dennoch eintreten kann. Das Umgekehrte gilt für ein Ereignis mit der Wahrscheinlichkeit 1. Ereignisse mit der Wahrscheinlichkeit 1 oder 0 sind deshalb im allgemeinen nur fast sicher oder fast unmöglich.

Unmöglichkeit und Sicherheit sind Grenzfälle der Wahrscheinlichkeit. Das Wahrscheinlichkeitskonzept erfaßt somit auch die strikte Kausalität, wonach sich aus einer gegebenen Ausgangssituation mit Sicherheit oder Unmöglichkeit eine bestimmte Folgesituation ergeben wird.

Zwischen Sicherheit und Unmöglichkeit liegen zukünftige Ereignisse, über deren Eintritt der Zufall mitentscheidet. Ihnen ist lediglich eine Wahrscheinlichkeit als objektive Maßgröße zugeordnet. Damit soll jedoch nicht gesagt sein, daß solche zufälligen Ereignisse nicht etwa kausal bestimmt wären. Wir wollen nur zum Ausdruck bringen, daß bei

---

[3] *Richter*, Wahrscheinlichkeitstheorie, S. 50; *Rènyi*, A.: Wahrscheinlichkeitsrechnung, Berlin 1962, S. 24.

[4] *Karten*, Walter: Grundlagen eines risikogerechten Schwankungsfonds für Versicherungsunternehmen, Berlin 1966, S. 19.

zufälligen Ereignissen neben konstanten Faktoren auch unkontrollierbare Faktoren mitwirken, die es unmöglich machen, das Ereignis mit Sicherheit vorauszusagen[5]. Experimente, deren Ergebnis vom Zufall abhängt, nennt man Zufallsexperimente. Sie lassen sich im allgemeinen beliebig oft wiederholen. Beispiele hierfür sind das Werfen einer Münze oder eines Würfels und das Drehen eines Glücksrades.

Wenn man davon ausgeht, daß zufälligen Ereignissen sozusagen von Natur aus objektive Wahrscheinlichkeiten als eine Art physikalischer Größen wie Länge oder Gewicht zugeordnet sind, so erweist sich die Statistik einfach als ein Verfahren zur numerischen Messung dieser Größen[6]. Auch die subjektive Wahrscheinlichkeit kann dann zwanglos als eine intuitive Schätzung der objektiven Wahrscheinlichkeit aufgefaßt werden[7]. Stellt man eine Statistik auf, um die Wahrscheinlichkeit zu messen, so liegt diesem Vorgang ohnehin die Annahme zugrunde, daß objektive Wahrscheinlichkeiten existieren. Wäre dem nicht so, brauchte man sie nicht zu suchen.

Man kann sich an die Wahrscheinlichkeit eines wiederholten Ereignisses herantasten, indem man dessen relative Häufigkeit beobachtet. Wir stellen beispielsweise fest, daß beim Werfen einer Münze nach 100 Versuchen 49mal die Zahl und 51mal das Wappen erscheint. Hieraus läßt sich schließen, daß die Wahrscheinlichkeit, Zahl oder Wappen zu werfen, etwa je 50% ist.

Gegeben sei ein Ereignis $A$ mit der bekannten objektiven Wahrscheinlichkeit $P(A)$. Die Anzahl der Versuche sei $n$, die Anzahl der Fälle, in denen $A$ eintritt, sei $a$. Die Wahrscheinlichkeit, daß die relative Häufigkeit $\frac{a}{n}$ immer näher an $P(A)$ herankommt, wird bei wachsenden Versuchsreihen immer größer. Dieser Satz kann als Spezialfall eines allgemeineren Gesetzes der großen Zahlen aufgefaßt werden, auf das noch einzugehen ist. In der Praxis kennen wir niemals die objektive Wahrscheinlichkeit, sondern immer nur die relative Häufigkeit, die in günstigen Fällen nahe an der Wahrscheinlichkeit liegt. Die relative Häufigkeit kann auch zufällig einmal mit der objektiven Wahrscheinlichkeit übereinstimmen. Da wir letztere nicht kennen, nützt uns ein solcher Zufall jedoch nichts.

Auf einen Versuch, die Wahrscheinlichkeit zu definieren, wollen wir uns nicht einlassen. Seit Kolmogoroff weiß man, daß eine zufrieden-

---

[5] *Pfanzagl*, Johann: Das Gesetz der großen Zahl, Statistische Vierteljahreszeitschrift 1956, S. 16; derselbe: Allgemeine Methodenlehre der Statistik, Band II, Berlin 1966, S. 7.

[6] *Krickeberg*, Klaus: Wahrscheinlichkeitstheorie, Stuttgart 1963, S. 8.

[7] *Carnap-Stegmüller:* Induktive Logik und Wahrscheinlichkeit, Wien 1959, S. 50; *Krelle*, Wilhelm: Unsicherheit und Risiko in der Preisbildung, Zeitschrift für die gesamte Staatswissenschaft 1957, S. 654.

stellende Definition dieses Begriffes auf mengentheoretischer Basis möglich ist. Lediglich am Rande sei kurz auf den klassischen oder Laplaceschen Wahrscheinlichkeitsbegriff eingegangen, der als Quotient aus der Anzahl der günstigen durch die Anzahl der möglichen Fälle definiert ist.

Beim Werfen eines Würfels sind sechs mögliche Fälle denkbar, einer davon sei günstig (etwa das Werfen einer 6). Die Wahrscheinlichkeit, eine 6 zu würfeln, ist also $1/6$. Sie steht von vornherein fest, man spricht deshalb auch von aprioristischer Wahrscheinlichkeit. Abgesehen von der geringen empirischen Bedeutung zumindest in dem von uns betrachteten Bereich der Versicherung, ist diese Definition sehr problematisch. Sie ist nur sinnvoll, wenn die möglichen Fälle gleich wahrscheinlich sind. Man braucht also zur Definition der Wahrscheinlichkeit den Begriff, den man gerade erklären will[8].

## II. Wahrscheinlichkeits- und Häufigkeitsverteilungen

Jemand hat eine Flotte von Schiffen versichert. Es ist bekannt, daß im kommenden Jahr mit der Wahrscheinlichkeit $p_0$ kein Schiff dieser Flotte versinken wird, mit der Wahrscheinlichkeit $p_1$ ein Schiff, mit der Wahrscheinlichkeit $p_2$ zwei Schiffe, ..., mit der Wahrscheinlichkeit $p_n$ alle $n$ Schiffe. Es liegt nahe, die möglichen Ereignisse (kein Schiff versinkt, ein Schiff versinkt, zwei Schiffe versinken, ..., alle $n$ Schiffe versinken) jeweils durch eine bestimmte Zahl $x_i$ zu kennzeichnen. Im vorliegenden Falle würde man zweckmäßigerweise sagen: $x_0 = 0$, $x_1 = 1$, $x_2 = 2$, ..., $x_n = n$. Die einzelnen Werte $x_i$ werden als mögliche Realisationen einer Zufallsvariablen $X$ angesehen, die man auch als stochastische Variable oder kurz als Stochastik bezeichnet. $X$ kann verschiedene Werte annehmen (hier 0, 1, 2, ..., $n$). Jedem dieser Werte ist eine bestimmte Wahrscheinlichkeit zugeordnet:

$$P(X = x_0) = p_0$$
$$P(X = x_1) = p_1$$
$$P(X = x_2) = p_2$$

$$\cdot$$
$$\cdot$$

$$P(X = x_n) = p_n$$

---

[8] *Pfanzagl*, Gesetz, S. 18 f.

Hierbei gilt:

$$\sum_{i=1}^{n} p_i = 1, p_i \geq 0$$

Die Realisationen der Zufallsvariablen $X$ und die zugehörigen Wahrscheinlichkeiten bilden zusammen eine Verteilung, die durch die Verteilungsfunktion $F(x)$ dargestellt werden kann. Hierbei ist zwischen diskreten und stetigen Verteilungen zu unterscheiden.

Im diskreten Fall kann $X$, wie in unserem Beispiel, nur endlich oder abzählbar unendlich viele Werte mit positiver Wahrscheinlichkeit annehmen[9], wobei $\sum_{\imath=1}^{n} p_i = 1$. Im stetigen Falle sind dagegen beliebige Zwischenwerte $x$ möglich. Die Körpergröße der Männer im 30. Lebensjahr ist beispielsweise eine stetige Verteilung. Innerhalb eines bestimmten Intervalls sind unendlich viele Abstufungen denkbar. Diskrete Verteilungen sind im allgemeinen mit einem Zählvorgang, stetige Verteilungen mit einem Meßvorgang verbunden[10]. Realisiert sich die stochastische Variable in Geldbeträgen, etwa in Schadenzahlungen durch den Versicherer, so handelt es sich genau genommen um eine diskrete Verteilung, da Geldbeträge nicht unendlich fein abstufbar sind. Dennoch sind die möglichen Abstufungen fein genug, um das Modell einer stetigen Verteilung mit hinreichender Genauigkeit anwenden zu können.

Die Verteilungsfunktion $F(x)$ gibt die Wahrscheinlichkeit an, daß $X$ einen Wert kleiner oder gleich $x$ annimmt:

(4)  $$F(x) = P(X \leq x)$$

In der graphischen Darstellung, wobei auf der Ordinate die Wahrscheinlichkeiten von 0 bis 1 und auf der Abszisse die Realisationen der Variablen $X$ von $-\infty$ bis $+\infty$ abgetragen werden, stellt sich $F(x)$ als eine monotone nichtfallende Kurve dar. Für $F(x)$ gilt immer, daß $F(-\infty) = 0$ und $F(+\infty) = 1$.

Die Frequenzfunktion $f(x)$ gibt im diskreten Fall die Wahrscheinlichkeit an, mit der $X$ den Wert $x$ annimmt. Im stetigen Fall bezeichnet man $f(x)$ als Verteilungsdichte oder Dichtefunktion. Hierfür gilt folgende Beziehung:

(5)  $$P(a < X \leq b) = \int_{a}^{b} f(x)\, dx$$

---

[9] *Pfanzagl*, Methodenlehre, Band II, S. 13.

[10] *Pfanzagl*, Johann: Allgemeine Methodenlehre der Statistik, Band I, Berlin 1966, S. 15.

$f(x)dx$ kann man interpretieren als die Wahrscheinlichkeit, daß $X$ einen Wert in dem infinitesimalen Bereich zwischen $x$ und $x + dx$ annimmt. Die Wahrscheinlichkeit für jeden beliebigen Punkt $P(X = a)$ ist im stetigen Fall gleich 0. Hieran zeigt sich, daß ein Ereignis mit der Wahrscheinlichkeit 0 nicht unmöglich sein muß[11]. Viele Dichtefunktionen erscheinen in der graphischen Darstellung als glockenförmige Kurve.

Die Verteilungsfunktion $F(x)$ erhält man aus der Frequenz- oder Dichtefunktion $f(x)$ durch Summation oder Integration, je nachdem ob es sich um eine diskrete oder um eine stetige Verteilung handelt:

$$(6) \qquad F(x) = \sum_{x_i \leqq x} f(x_i) \text{ oder } F(x) = \int_{-\infty}^{x} f(x)\, dx$$

Umgekehrt ist die Dichtefunktion die erste Ableitung der Verteilungsfunktion:

$$(7) \qquad \frac{dF(x)}{dx} = \frac{d}{dx} \int_{-\infty}^{x} f(x)\, dx = f(x)$$

Es gilt also:

$$(8) \qquad dF(x) = f(x)\, dx$$

Wenn eine Verteilungsdichte gegeben ist, so schreiben wir deshalb statt $f(x)dx$ auch kurz $dF(x)$.

Aus bestimmten theoretischen Zufallsmodellen lassen sich spezielle Wahrscheinlichkeitsverteilungen ableiten, deren bekannteste die Normalverteilung und die Binomialverteilung sind. Empirisch sind natürlich nur Häufigkeitsverteilungen feststellbar, ebenso wie man empirisch nicht die objektive Wahrscheinlichkeit, sondern eben nur die relative Häufigkeit ermitteln kann. Im allgemeinen nähert sich die Häufigkeitsverteilung bei wachsender Zahl der Beobachtungen der objektiven Wahrscheinlichkeitsverteilung, ebenso wie die relative Häufigkeit gegen die objektive Wahrscheinlichkeit konvergiert.

Empirische Häufigkeitsverteilungen lassen sich durch verschiedene Verfahren analytisch ausgleichen. Man erhält dann eine empirische Verteilungs- oder Dichtefunktion, die die beobachteten Ergebnisse mit der gewünschten Genauigkeit wiedergibt. Es besteht aber auch die Möglichkeit, theoretische Wahrscheinlichkeitsverteilungen, die auf bestimmten Annahmen über die Wirklichkeit beruhen, mit den empirischen Häufigkeitsverteilungen zu vergleichen.

---

[11] *Karten*, Schwankungsfonds, S. 21, Fußnote 22.

Fällt einer dieser Vergleiche befriedigend aus, so hat man wesentlich mehr erreicht[12]. Man darf dann unterstellen, daß die Annahmen, die der theoretischen Verteilung zugrunde liegen, wenigstens näherungsweise als die Gesetze gelten können, denen die beobachteten empirischen Erscheinungen folgen[13].

## III. Parameter

Vielfach ist es zweckmäßig oder auch notwendig, nur einige charakteristische Konstanten einer Verteilung in die Betrachtung einzubeziehen. Derartige Konstanten nennt man Parameter. Man unterscheidet dabei zwischen Lageparametern, Streuungsparametern und anderen. Wir untersuchen nur einen Lageparameter, den Erwartungswert, und einen Streuungsparameter, die Varianz, sowie die daraus abgeleiteten Streuungsmaße.

### 1. Erwartungswert

Der Erwartungswert $E(X)$ ist der wichtigste Lageparameter. Er ist für diskrete und stetige Verteilungen wie folgt definiert:

$$(9) \quad E(X) = \sum_{i=1}^{n} x_i p_i, \text{ wobei } p_i \geq 0, \sum_{i=1}^{n} p_i = 1 \text{ oder } E(X) = \int_{-\infty}^{+\infty} x f(x)\, dx,$$

$$\text{wobei } f(x) \geq 0, \int_{-\infty}^{+\infty} f(x)\, dx = 1$$

Beim Erwartungswert handelt es sich also um das gewogene arithmetische Mittel der einzelnen Realisationen der Zufallsvariablen $X$ mit den zugehörigen Wahrscheinlichkeiten als Gewichten.

Der Erwartungswert ist nichts anderes als ein Mittelwert, der eine Wahrscheinlichkeits- oder Häufigkeitsverteilung zu einer Zahl verdichtet. Er braucht keineswegs als Ergebnis eines einzelnen Zufallsexperimentes erwartet zu werden. Insofern ist die Bezeichnung irreführend. Es sind sogar Experimente denkbar, deren Ergebnisse immer vom Erwartungswert abweichen. Das klassische Beispiel hierfür ist das Würfelspiel: Der Erwartungswert eines Wurfes ist 3,5.

---

[12] *Eggenberger*, Florian: Die Wahrscheinlichkeitsansteckung, Mitteilungen der Vereinigung schweizerischer Versicherungsmathematiker 1924, S. 33.

[13] *Ammeter*, Hans: Die Elemente der kollektiven Risikotheorie von festen und zufallsartig schwankenden Grundwahrscheinlichkeiten, Mitteilungen der Vereinigung schweizerischer Versicherungsmathematiker 1949, S. 42.

## 2. Varianz und andere Streuungsmaße

Der Erwartungswert charakterisiert eine Verteilung oft nur ungenügend. Es interessiert daneben auch, ob Werte wahrscheinlich sind, die weit vom Erwartungswert entfernt sind, oder ob die Werte mit hoher Wahrscheinlichkeit in der Nähe des Erwartungswertes liegen. Kurz gesagt, interessiert die Streuung der Werte um den Erwartungswert. Hierüber informieren die Varianz, die Standardabweichung und der Variationskoeffizient.

Die Varianz $\sigma^2$ ist für den diskreten und den stetigen Fall folgendermaßen definiert:

$$(10) \qquad \sigma^2 = \sum_{i=1}^{n} [x_i - E(X)]^2 \, p_i \text{ oder } \sigma^2 = \int_{-\infty}^{+\infty} [x - E(X)]^2 \, dF(x)$$

Die Varianz ist also die Summe der quadrierten Abweichungen der Zufallsvariablen $X$ vom Erwartungswert $E(X)$, jeweils multipliziert mit den zugehörigen Wahrscheinlichkeiten. Das ist aber nichts anderes als der Erwartungswert der quadrierten Abweichungen:

$$(11) \qquad \sigma^2 = E[X - E(X)]^2 = E(X^2) - [E(X)]^2$$

Die Abweichungen können positiv und negativ sein. Da sie quadriert werden, ist $\sigma^2$ stets positiv. Anschaulicher als die Varianz ist die Standardabweichung:

$$(12) \qquad \sigma = \sqrt{E[X - E(X)]^2}$$

Die Standardabweichung hat die gleiche Dimension wie die Realisationen der Zufallsvariablen und wird deshalb auch absolute Streuung oder kurz Streuung genannt. Realisiert sich die stochastische Variable in Geldbeträgen, so ist der Wert der Standardabweichung ebenfalls ein Geldbetrag[14]. Ist die Streuung klein, so bedeutet dies nicht, daß nur Werte in der Nähe von $E(X)$ auftreten können. Es bedeutet nur, daß Werte, die sich erheblich von $E(X)$ unterscheiden, nicht sehr wahrscheinlich sind. Dies ist durch die unter (10) aufgeführten Ausdrücke unmittelbar einsichtig. Varianz und Standardabweichung gehen auf Mittelwerte zurück, ebenso wie der Erwartungswert.

Setzt man die Standardabweichung in Beziehung zum Erwartungswert, so erhält man den Variationskoeffizienten $v$, auch relative Streuung genannt:

$$(13) \qquad v = \frac{\sigma}{E(X)}$$

---

[14] Vgl. *Pfanzagl*, Methodenlehre, Band I, S. 28.

Dieses Streuungsmaß ist in der Risikotheorie der Versicherung sehr gebräuchlich.

Im allgemeinen reichen Erwartungswert und Streuung zur Charakterisierung einer Wahrscheinlichkeitsverteilung nicht aus. Es sind unterschiedliche Verteilungen mit gleichem Erwartungswert und gleicher Streuung denkbar. Dennoch sind $E(X)$ und $\sigma$ wesentliche Merkmale einer Verteilung. Die Normalverteilung ist durch diese beiden Größen eindeutig bestimmt.

## IV. Das Gesetz der großen Zahlen

Ein Zufallsexperiment wird $n$-mal wiederholt, wobei die Ergebnisse der einzelnen Experimente voneinander unabhängig sind. Man spricht dann von $n$ unabhängigen Kopien der Zufallsvariablen $X$. Der Erwartungswert $E(X)$ der stochastischen Variablen sei bekannt.

Wir betrachten die einzelnen Ergebnisse und errechnen das arithmetische Mittel $\frac{1}{n} \sum_{i=1}^{n} x_i$. Man kann empirisch feststellen, daß sich das Mittel bei häufiger Wiederholung des Experimentes dem Erwartungswert $E(X)$ anzunähern pflegt. Diese Erscheinung ist mit einem mathematischen Modell vereinbar, das wie folgt lautet[15]:

$$(14) \qquad \lim_{n \to \infty} P\left[\left| E(X) - \frac{1}{n} \sum_{i=1}^{n} x_i \right| \leq \alpha\right] = 1$$

Die Wahrscheinlichkeit, daß das Mittel vom Erwartungswert um weniger als einen beliebig kleinen Betrag $\alpha > 0$ abweicht, geht gegen 1, wenn $n$ gegen $\infty$ geht. Es handelt sich hierbei um das Gesetz der großen Zahlen in seiner schwachen Form, wie es zuerst von Jakob Bernoulli formuliert wurde.

Das starke Gesetz der großen Zahlen geht auf Cantelli zurück. Es lautet[16]:

$$(15) \qquad P\left[\lim_{n \to \infty} \frac{1}{n} \sum_{i=1}^{n} x_i = E(X)\right] = 1$$

Mit der Wahrscheinlichkeit 1 konvergiert das Mittel gegen den Erwartungswert, wenn $n$ gegen $\infty$ geht.

---

[15] *Freudenthal*, Hans: Wahrscheinlichkeit und Statistik, München 1963, S. 57.
[16] Vgl. *Krickeberg*, Wahrscheinlichkeitstheorie, S. 101; *Richter*, Wahrscheinlichkeitstheorie, S. 388 ff.

Den bereits erwähnten Satz, daß die relative Häufigkeit gegen die Wahrscheinlichkeit konvergiert, kann man als Spezialfall des allgemeineren Gesetzes der großen Zahlen auffassen[17]. $X$ sei eine Alternative, die nur die Werte 1 und 0 annehmen kann (1 = der Spieler würfelt eine 6, 0 = der Spieler würfelt keine 6). Ein solches Zufallsexperiment mit nur zwei möglichen Ergebnissen heißt Bernoullisches Experiment.

Es sei

$$P(X = 1) = p$$
$$P(X = 0) = 1 - p.$$

$E(X)$ ist bekanntlich $\displaystyle\sum_{i=1}^{n} x_i p_i$, im vorliegenden Fall ist $E(X)$ also gleich $p$. Damit folgt aus (14):

(16)     $$P(\lim_{n \to \infty} \frac{1}{n} \sum_{i=1}^{n} x_i = p) = 1$$

$\displaystyle\frac{1}{n} \sum_{i=1}^{n} x_i$ ist hier das Verhältnis der glücklichen Würfe zu den beobachteten Würfen, also die relative Häufigkeit. Man kann somit fast sicher damit rechnen, daß die relative Häufigkeit gegen die objektive Wahrscheinlichkeit konvergiert, wenn $n$ gegen $\infty$ geht.

Das Gesetz der großen Zahlen in seiner schwachen und in seiner starken Form gilt genau genommen nur für unendliche Versuchsfolgen. Auf endliche Versuchsfolgen ist die Tschebyscheffsche Ungleichung anwendbar[18]:

(17)     $$P[|\frac{1}{n} \sum_{i=1}^{n} x_i - E(X)| \geq \alpha] \leq \frac{\sigma^2}{n \alpha^2}$$

Die Wahrscheinlichkeit, daß das Mittel vom Erwartungswert um mehr als einen beliebig kleinen Betrag $\alpha > 0$ abweicht, wird mit steigendem $n$ beliebig klein. Die Tschebyscheffsche Ungleichung gilt für jede Verteilung mit endlicher Varianz. Aus dieser Ungleichung folgt unmittelbar das Gesetz der großen Zahlen in seiner schwachen Form, wenn $n$ gegen $\infty$ geht.

Man kann das Gesetz der großen Zahlen auch auf eine unabhängige Folge stochastischer Variablen mit unterschiedlichem Erwartungswert

---

[17] *Behnke-Bertram-Sauer:* Grundzüge der Mathematik, Band IV, Göttingen 1966, S. 157.
[18] Vgl. *Freudenthal*, Wahrscheinlichkeit, S. 56.

ausdehnen. Die obigen Ausdrücke gelten dann analog für den mittleren Erwartungswert der verschiedenen stochastischen Variablen.

Es ist zu beachten, daß die Aussage des Gesetzes der großen Zahlen und der Tschebyscheffschen Ungleichung nur innerhalb der mathematischen Modelle gilt, aus denen sie entwickelt wurde. Bernoulli, Cantelli und Tschebyscheff haben nicht bewiesen, daß diese Beziehungen in Wirklichkeit gegeben sind. „Es ist unmöglich, auf mathematischem Wege, also durch tautologische Umformungen, einen Satz über die Wirklichkeit zu beweisen[19]." Nur wenn das mathematische Modell ein hinreichend genaues Abbild der Wirklichkeit ist, läßt sich das Gesetz der großen Zahlen auf empirische Untersuchungen übertragen.

Die strengen Voraussetzungen des Gesetzes der großen Zahlen werden oft übersehen, was zu Mißdeutungen führen muß. Betrachtet man eine Anzahl von Zufallsereignissen, wie etwa den Forderungsausfall, über einen längeren Zeitraum hinweg, so bleiben die äußeren Bedingungen nur selten die gleichen. Das Delkredererisiko ist aber nur dann einigermaßen genau meßbar, wenn die konjunkturelle und strukturelle Wirtschaftslage über lange Zeiträume hinweg unverändert bleibt. Oft ist auch die Voraussetzung stochastischer Unabhängigkeit verletzt. Aber selbst wenn diese Voraussetzungen erfüllt sind, muß man noch berücksichtigen, daß die statistische Basis immer nur endlich groß ist. Solange man sich aber im endlichen Bereich bewegt, ist es keineswegs sicher, daß das Mittel der einzelnen Ergebnisse gegen den Erwartungswert strebt, sondern eben nur wahrscheinlich. Die Wahrscheinlichkeitstheorie ist nicht in der Lage, eine sichere Größe in die Wirtschaftsrechnung einzuführen, wie oft angenommen wird[20]. Sie liefert lediglich eine Maßgröße über die Unsicherheit der Rechnung. Diese Maßgröße unterliegt aber ebenfalls den Gesetzen der Wahrscheinlichkeit und ist deshalb wiederum unsicher[21].

---

[19] *Pfanzagl*, Gesetz, S. 19.
[20] *Albach*, Wirtschaftlichkeitsrechnung, S. 74, 75, 76, 94, 103, 109 und 122; *Bidlingmaier*, Johannes: Unternehmerziele und Unternehmerstrategien, Wiesbaden 1964, S. 46; *Gutenberg*, Erich: Grundlagen der Betriebswirtschaftslehre, 2. Band: Der Absatz, 8. Auflage, Berlin und Heidelberg 1965; *Sabel*, Wirtschaftlichkeitsrechnungen, S. 48.
[21] *Freudenthal*, Wahrscheinlichkeit, S. 133.

# D. Das versicherungstechnische Risiko

Nachdem im vorangegangenen Kapitel einige Grundbegriffe der Wahrscheinlichkeitstheorie geklärt wurden, sind wir jetzt in der Lage, uns den Risiken der Versicherungsunternehmung zuzuwenden. Dabei soll unsere Untersuchung auf das sogenannte versicherungstechnische Risiko[1] beschränkt bleiben, das arteigene Risiko der Versicherungsunternehmen, das in keinem anderen Wirtschaftszweig auftritt. Eine Versicherungsgesellschaft ist selbstverständlich noch weiteren Risiken ausgesetzt, insbesondere dem allgemeinen Unternehmerrisiko. Insoweit sei aber auf das umfangreiche betriebswirtschaftliche Schrifttum verwiesen.

In der älteren ökonomischen Theorie wird das Problem des Risikos durch die Prämisse vollkommener Voraussicht umgangen, in der klassischen Versicherungsmathematik durch die Annahme unendlich großer Versicherungsbestände. Für die Ermittlung des optimalen Versicherungsbestandes spielt das Risiko jedoch eine so entscheidende Rolle, daß es nicht vernachlässigt werden darf, ohne die Beziehung zur Wirklichkeit wesentlich zu beeinträchtigen.

## I. Der Risikoausgleich im Kollektiv

Jeder Versicherungsvertrag kann in einer bestimmten Periode mit gewissen Wahrscheinlichkeiten von Schäden verschiedener Höhe betroffen werden. Auch in der Lebensversicherung sind mindestens zwei verschiedene Schadenbeträge denkbar, nämlich 0 und $k$, wobei $k$ den möglichen Höchstschaden bezeichnet, der hier mit der Versicherungssumme identisch ist. In der Schadenversicherung sind dagegen durch das Eintreten von Teilschäden beliebige Abstufungen zwischen 0 und $k$ möglich.

Der Schadenanfall eines Vertrages in einer Periode läßt sich somit als eine stochastische Variable $X_i$ auffassen, die mit bestimmten Wahr-

---

[1] *Braeß*, Paul: Versicherung und Risiko, Wiesbaden 1960, S. 15; *Lochmaier*, Karl: Das versicherungstechnische Risiko und seine Problematik für den Versicherungsbetrieb, Freiburg 1954; *Marquart*, Hans: Das objektive Risiko, Deutsche Versicherungswirtschaft, Band II, S. 196.

scheinlichkeiten verschiedene Werte annehmen kann. Hierbei bezeichnet $i = 1, 2, ..., n$ die einzelnen Verträge. Ein Versicherungsbestand ist unter diesem Aspekt eine Summe von Zufallsvariablen. Der Gesamtschaden $Z$ des Versicherungsbestandes ist die Summe der Einzelschäden und als solche natürlich wiederum eine stochastische Variable. Die Gesamtschadenverteilungsfunktion $F(z)$ entsteht aus den Einzelschadenverteilungsfunktionen $F_i(x)$ durch Faltung, Unabhängigkeit der $X_i$ vorausgesetzt:

$$(18) \qquad F(z) = F_1(x) * F_2(x) * \ldots \ldots * F_n(x)$$

Zwischen den Parametern $E(X_i)$ und $\sigma^2_i$ der Einzelschadenverteilungen sowie $E(Z)$ und $\sigma^2_z$ der Gesamtschadenverteilung bestehen folgende einfache Beziehungen:

$$(19) \qquad E(Z) = \sum_{i=1}^{n} E(X_i)$$

Der Erwartungswert des Gesamtschadens ist gleich der Summe der Schadenerwartungen der Einzelverträge. Dieser Satz ist recht bedeutsam, er gilt ohne Rücksicht darauf, ob die $X_i$ stochastisch unabhängig sind oder nicht und ob sie gleiche oder unterschiedliche Erwartungswerte haben. Ist die Schadenerwartung aller $n$ Einzelverträge gleich hoch, so folgt aus (19):

$$(20) \qquad E(Z) = nE(X_i)$$

Sind die $X_i$ stochastisch unabhängig, so gilt:

$$(21) \qquad \sigma^2_z = \sum_{i=1}^{n} \sigma^2_i$$

Die Varianz des Gesamtschadens ist gleich der Summe der Varianzen der Einzelschäden. Für $n$ Verträge mit gleicher Varianz kann man auch schreiben:

$$(22) \qquad \sigma^2_z = n \, \sigma^2_i$$

oder

$$(23) \qquad \sigma_z = \sqrt{n \, \sigma^2_i} = \sigma_i \sqrt{n}$$

Für die relative mittlere Streuung (Variationskoeffizient) des Gesamtschadens gilt dann:

$$(24) \qquad v_z = \frac{\sigma_i \sqrt{n}}{n \, E(X_i)} = \frac{\sigma_i}{E(X_i) \sqrt{n}}$$

Aus (20), (23) und (24) folgt ein Satz, der als Risikoausgleich im Kollektiv bezeichnet wird: Mit wachsender Bestandsgröße $n$ nimmt der Erwartungswert des Gesamtschadens proportional $n$ zu, die Streuung dagegen nur proportional $\sqrt{n}$. Die relative Streuung des Gesamtschadens nimmt absolut ab. Dient $v_z$ als Risikomaß, so kann man behaupten, daß das Risiko mit zunehmenden Beständen kleiner wird.

Dieser Satz gilt auch für eine Zusammenfassung von Verträgen mit unterschiedlichem Erwartungswert und — mit gewissen Einschränkungen — auch für Verträge mit unterschiedlicher Streuung[2]. Im übrigen handelt es sich um einen Satz aus der Wahrscheinlichkeitstheorie, der allgemein für eine Summe unabhängiger stochastischer Variablen gültig ist. Er wurde hier lediglich auf Versicherungsbestände angewendet. Die aufgeführten Formeln finden sich in jedem Lehrbuch über Wahrscheinlichkeitsrechnung.

Der Risikoausgleich im Kollektiv ist der Kern der Versicherungstechnik. Hierauf ist es zurückzuführen, daß sich das Risiko für den Versicherer bei der Zusammenfassung zahlreicher Verträge nicht addiert, sondern konsolidiert. Der Risikoausgleich im Kollektiv ist nicht mit dem Gesetz der großen Zahlen identisch, wie ein Vergleich der entsprechenden mathematischen Ausdrücke zeigt. Leider werden die beiden Sätze in der Literatur selten auseinandergehalten.

## II. Das Äquivalenzprinzip

Ohne auf die Vieldeutigkeit dieses Begriffes näher einzugehen, definieren wir das Äquivalenzprinzip wie folgt:

$$(25) \qquad p = \int_0^\infty x f(x)\, dx = E(X)$$

Da keine negativen Schäden eintreten können, betrachten wir das Integral nur für den Bereich von 0 bis $\infty$. Die Prämie $p$ eines Vertrages aus einem Versicherungsbestand ist gleich dem Erwartungsschaden eben dieses Vertrages. Wenn hier von Prämie die Rede ist, so ist die Nettoprämie ohne Verwaltungskosten und Sicherheitszuschlag, die sogenannte „reine oder reinste" Nettoprämie[3] gemeint.

Das Äquivalenzprinzip ist in dieser Form nichts anderes als ein technisches Postulat[4], das gewisse bedeutsame Vorteile hat und deshalb in der Individualversicherung allgemein angestrebt wird. Insbesondere ergibt sich aus (25) in Verbindung mit (19), daß bei Anwendung des Äquivalenzprinzipes die gesamte Nettoprämie $P$ aus einem Versicherungsbestand immer gleich dem Erwartungswert des Gesamtschadens ist:

$$(26) \qquad P = E(Z)$$

---

[2] *Karten*, Schwankungsfonds, S. 27.
[3] *Braeß*, Versicherung und Risiko, S. 19.
[4] *Karten*, Schwankungsfonds, S. 23.

Wie die Sozialversicherung beweist, ist das Äquivalenzprinzip in der hier beschriebenen Form keine unbedingte Voraussetzung für die Versicherung. Aber auch dies ist letztlich nur eine Definitionsfrage.

### III. Der Begriff des versicherungstechnischen Risikos

Wir haben bisher von Risiko gesprochen, ohne uns näher darauf festzulegen, was wir hierunter verstehen wollen. Es wurde nur betont, daß sich die Untersuchung auf das versicherungstechnische Risiko beschränken soll, das dem Versicherer bei der Zusammenfassung zahlreicher Einzelverträge zu einem Gesamtbestand trotz des Risikoausgleichs im Kollektiv verbleibt.

Die bisherigen Überlegungen haben jedoch zu einer wesentlichen, wenn auch nicht neuen Erkenntnis geführt: Das Äquivalenzprinzip vorausgesetzt, erhält der Versicherer ein Nettoprämieneinkommen, das der Gesamtschadenerwartung entspricht. Wäre der tatsächliche Schadenanfall immer gleich dem erwarteten, so würden die geplanten Nettoprämien stets genau zur Finanzierung der Schäden ausreichen. Hieraus folgt zwanglos die für uns zweckmäßigste Definition des versicherungstechnischen Risikos:

Unter versicherungstechnischem Risiko verstehen wir die Möglichkeit zufallsbedingter Abweichungen vom geschätzten Erwartungswert des Gesamtschadens.

Damit sind also negative und positive Abweichungen vom erwarteten Gesamtschaden in die Definition einbezogen, obwohl negative Abweichungen für den Versicherer vorteilhaft sind[5]. Diese Art der Definition ist aber sehr nützlich, weil auf diese Weise die Varianz, die absolute und die relative Streuung ohne weiteres als Risikomaße aufgefaßt werden können, obgleich auch sie die negativen Abweichungen miterfassen.

Die Abweichungen müssen zufallsbedingt, sie dürfen also nicht voraussehbar sein. Es sei noch einmal hervorgehoben, daß damit nicht behauptet wird, die Abweichungen seien nicht kausal verursacht. Wir sprechen in der Definition vom geschätzten Erwartungswert, weil der Versicherer den wirklichen Erwartungswert nicht kennt und niemals kennen wird, ebensowenig wie ihm die objektive Wahrscheinlichkeitsverteilung des Gesamtschadens bekannt ist.

---

[5] Vgl. hierzu auch *Braeß*, Versicherung und Risiko, S. 15 f.

## IV. Ergebnisse der Risikotheorie

Das versicherungstechnische Risiko läßt sich im allgemeinen nur durch die Gesamtschadenverteilung umfassend beschreiben. Diese Verteilung ist aber ein zu komplexes Gebilde, um direkt angegeben werden zu können[6]. Die versicherungsmathematische Risikotheorie stellt deshalb Modelle für Schadenverteilungen auf, die mit den in der Wirklichkeit vorkommenden Verteilungen verglichen werden.

### 1. Individuelle und kollektive Risikotheorie

Die ältere individuelle Risikotheorie ermittelt die Gesamtschadenverteilung auf der Grundlage der Einzelversicherungen, wobei die Kenntnis bestimmter Eigenschaften der einzelnen Verträge vorausgesetzt werden muß. Die kollektive Risikotheorie betrachtet den gesamten Versicherungsbestand als eine Einheit und interpretiert ihn als einen stochastischen Prozeß: Der Gesellschaft fließt ein stetiger Strom von Prämien zu, während andererseits von Zeit zu Zeit zufällige Ereignisse eintreten, die zu Schadenzahlungen führen[7]. Ausgehend von der Gesamtschadenverteilung für einen infinitesimalen Zeitraum, in dem nur die Alternative Schaden oder Nichtschaden in Betracht kommt, gelangt die kollektive Risikotheorie zur Gesamtschadenverteilung für eine beliebige Periode. Wesentlicher als die dynamische Betrachtungsweise ist die Tatsache, daß die kollektive Risikotheorie mit bestimmten Durchschnittseigenschaften der Bestände auskommt, ohne auf die individuelle Bestandszusammensetzung Rücksicht nehmen zu müssen.

Die Unterschiede zwischen den beiden Richtungen der Risikotheorie sind nicht so erheblich, wie man ursprünglich angenommen hatte. Kupper[8] betont, daß beide Anschauungen in ihrem methodischen Aufbau weitgehende Analogien aufweisen. Bekannte Untersuchungen zur individuellen Risikotheorie sind die Arbeiten von Braeß[9], Burrau[10], Gürtler[11] und Sergowski[12]. Die kollektive Risikotheorie wurde von Lundberg entwickelt und zunächst nur von einigen skandinavischen

---

[6] *Ammeter*, H.: Die Ermittlung der Risikogewinne im Versicherungswesen auf risikotheoretischer Grundlage, Mitteilungen der Vereinigung schweizerischer Versicherungsmathematiker 1957, S. 151.

[7] *Cramér*, Harald: Collective risk theory, Stockholm 1955, S. 5.

[8] *Kupper*, Josef: Wahrscheinlichkeitstheoretische Modelle in der Schadenversicherung, Würzburg 1962.

[9] *Braeß*, Versicherung und Risiko.

[10] *Burrau*, Carl: Die Grundlagen der Versicherungsstatistik, Wirtschaft und Recht der Versicherung 1924, S. 1 ff.

[11] *Gürtler*, Max: Das Risiko des Zufalls im Versicherungsbetrieb, Zeitschrift für die gesamte Versicherungswissenschaft 1929, S. 209 ff. und 292 ff.

[12] *Sergowski*, N.: Einführung in die Theorie der Feuerversicherung, 2. Auflage, Prag 1931.

Autoren beachtet. Sie hat sich inzwischen jedoch allgemein durchgesetzt. Zur kollektiven Risikotheorie gibt es eine umfangreiche Aufsatz-
literatur durchweg hohen mathematischen Niveaus. Hervorzuheben sind
die Arbeiten von Ammeter und Cramér, erstere wegen ihrer leichten
Verständlichkeit, letztere wegen ihrer grundlegenden Bedeutung. Darüber hinaus sei auf die bereits mehrfach zitierte Arbeit von Karten verwiesen, die im ersten Teil einen Überblick über die beiden Richtungen
der Risikotheorie gibt. Für die folgenden Ausführungen dieses Kapitels
ist hauptsächlich die kollektive Betrachtungsweise maßgebend.

### 2. Verteilung des Gesamtschadens

Bekanntlich kann der Gesamtschaden $Z$ eines Versicherungsbestandes in einer bestimmten Periode als eine stochastische Variable angesehen werden, deren Verteilung durch die Verteilungsfunktion $F(z)$
und die Dichtefunktion $f(z)$ gegeben ist. Aus analytischen Gründen ist
es zweckmäßig, die Verteilung des Gesamtschadens auf zwei andere
Verteilungen zurückzuführen, nämlich auf die Schadenzahlverteilung
mit der Frequenzfunktion $s(r)$ und die Schadensummenverteilung eines
Ereignisses mit der Dichte $p^{(1)}(z)$.

Die Schadenzahlverteilung ist eine diskrete Verteilung. $s(r)$ gibt die
Wahrscheinlichkeit an, daß in der betrachteten Periode genau $r$ Schäden
eintreten. In der Praxis kennt man natürlich nur Häufigkeitsverteilungen.

Die Schadensummenverteilung kann als eine stetige Verteilung betrachtet werden. $p^{(1)}(z)dz$ kann man ansehen als die Wahrscheinlichkeit,
daß die Schadenhöhe eines Ereignisses in den infinitesimalen Bereich
zwischen $z$ und $z + dz$ fällt. Empirisch sind Schadensummenverteilun-
gen nur als sogenannte Schadentafeln gegeben, aus denen ersichtlich ist,
mit welcher relativen Häufigkeit Schäden in bestimmten Höhen eintreten. Man hat im allgemeinen mit einer großen Streuung und Schiefe
der Schadensummenverteilung zu rechnen[13].

Es ist eine grundlegende Annahme der kollektiven Risikotheorie, daß
die Schadenzahlverteilung und die Schadensummenverteilung stochastisch unabhängig sind. Sind $s(r)$ und $p^{(1)}(z)$ gegeben, so erhält man
die Dichte der Gesamtschadenverteilung durch folgende Beziehung, die
in den meisten Veröffentlichungen zur kollektiven Risikotheorie als
Ausgangsbasis dient[14]:

$$(27) \qquad f(z) = \sum_{r=0}^{\infty} s(r)\, p^{(r)}(z)$$

---

[13] *Kupper*, Modelle, S. 57.

[14] Hier zitiert in Anlehnung an *Ammeter*, Hans: The calculation of pre-

$p^{(r)}(z)$ ergibt sich durch $r$-malige Faltung von $p^{(1)}(z)$ mit sich selbst. $f(z)dz$ läßt sich interpretieren als die Wahrscheinlichkeit, daß ein Gesamtschaden im Betrage zwischen $z$ und $z + dz$ eintritt.

Als Schadenzahlverteilung dient in der kollektiven Risikotheorie eine Poissonverteilung, deren Frequenzfunktion wie folgt lautet:

$$(28) \qquad s(r) = \frac{e^{-P} P^{r}}{r!}$$

Hierin ist $P$ der Erwartungswert von $r$, also die erwartete Schadenzahl in der betrachteten Periode. Die Gesamtschadenerwartung (Nettoprämie) ist das Produkt aus Schadenzahlerwartung und Schadensummenerwartung. Letztere dient aus Zweckmäßigkeitsgründen als Maßeinheit für die Schadensummen und wird deshalb gleich 1 gesetzt[15]. Die Schadensummen werden also in Teilen oder Vielfachen ihres Erwartungswertes gemessen. Wird die Maßeinheit in dieser Weise gewählt, so ist die Schadenzahlerwartung gleich der Gesamtschadenerwartung oder der Nettoprämie. Wir können deshalb behaupten, daß die Gesamtschadenverteilung durch die Nettoprämie und die Verteilungsdichte $p^{(1)}(z)$ völlig bestimmt ist[16]:

$$(29) \qquad f(z) = \sum_{r=0}^{\infty} \frac{e^{-P} P^{r}}{r!} \, p^{(r)}(z)$$

Bemerkenswert an der Gesamtschadenverteilung (29) der kollektiven Risikotheorie ist, daß in ihr weder die Zahl der Versicherungsverträge noch irgendeine andere Größe enthalten ist, die mit den Einzelpolicen in Zusammenhang steht[17]. Sie schließt die Möglichkeit wiederholter Schäden ein. Es spielt auch kein Rolle, ob es sich um Total- oder Teilschäden handelt, da nur die absoluten Schadenbeträge in die Verteilung eingehen. Allerdings wird nach wie vor stochastische Unabhängigkeit der Einzelschäden vorausgesetzt.

Der Erwartungswert, die Varianz und die Streuung der Gesamtschadenverteilung sind:

$$(30) \qquad E(Z) = P$$

$$(31) \qquad \sigma^{2}_{z} = P + P \, \sigma^{2}$$

$$(32) \qquad \sigma_{z} = \sqrt{P + P \, \sigma^{2}}$$

Hierin ist $\sigma^{2}$ die Varianz der Schadensummenverteilung. Für den Variationskoeffizienten der Gesamtschadenverteilung gilt demnach:

---

mium-rates for excess of loss and stop loss reinsurance treaties, Non-proportional reinsurance (ed.: s. *Vajda*), Brüssel 1955, S. 82.
[15] *Ammeter*, Elemente, S. 73.
[16] *Ammeter*, calculation, S. 83.
[17] *Ammeter*, calculation, S. 83.

(33)
$$v_z = \sqrt{\frac{P + P\sigma^2}{P}} = \sqrt{\frac{1 + \sigma^2}{P}}$$

Man erkennt, daß eine Erhöhung der Nettoprämie, die im allgemeinen mit einer Vergrößerung des Bestandes verbunden ist, risikomindernd wirkt. Diese Erscheinung ist uns bereits als Risikoausgleich im Kollektiv bekannt. Zusätzlich erfahren wir aus (33), daß eine größere Streuung der Schadensummen ein höheres Risiko bedeutet. Das ist an sich unmittelbar einleuchtend[18].

### 3. Störungen des Risikoausgleichs

In der bisherigen Untersuchung wurde festgestellt, daß eine Bestandsvermehrung risikomindernd wirkt. Haben wir einen Bestand aus $n$ stochastisch unabhängigen Versicherungsverträgen, so darf man unter bestimmten Einschränkungen davon ausgehen, daß nach (24) und (33) die relative Streuung $v$ mit wachsendem $n$ kleiner wird. Geht $n$ gegen ∞, geht $v_z$ gegen 0.

Leider hat sich gezeigt, daß die Gesamtschadenverteilung (29) mit den in Wirklichkeit beobachteten Verteilungen in vielen Versicherungssparten nur sehr schlecht übereinstimmt. Es wurden deshalb allgemeinere Modelle entwickelt, die der Wirklichkeit besser entsprechen. Hierin besteht einer der bedeutendsten Fortschritte der Risikotheorie.

Im folgenden soll kurz erläutert werden, welche Faktoren den Risikoausgleich im Kollektiv stören. Dabei gehen wir der Einfachheit halber von homogenen Beständen aus.

#### a) Schwankende Grundwahrscheinlichkeiten

Es hat sich gezeigt, daß der Schadenverlauf in verschiedenen Versicherungssparten überaus starken Schwankungen unterliegt, die überdies bei allen Versicherungsgesellschaften mit gleichem oder ähnlichem Geschäftsgebiet eine auffällige Gleichförmigkeit aufweisen. Der Praxis ist diese Erscheinung durchaus geläufig, auch in der Versicherungswirtschaft spricht man von guten und schlechten Jahren. Mit dem bisher benutzten Modell der Gesamtschadenverteilung (29) lassen sich solche Vorgänge nicht erklären. Es muß vielmehr Faktoren geben, die auf alle Versicherungsbestände der betreffenden Sparte in gleicher Weise einwirken.

Diesem Umstand sucht man in der Theorie dadurch Rechnung zu tragen, daß der Erwartungswert $P$ der Schadenzahlverteilung (28) nicht

---

[18] Für die individuelle Risikotheorie kommt *Braeß* (Versicherung und Risiko, S. 58) zum gleichen Ergebnis.

mehr als im Zeitablauf konstant angesehen wird. Man nimmt vielmehr an, $P$ sei stochastischen Änderungen ausgesetzt, und spricht von zufallsartig schwankenden Grundwahrscheinlichkeiten. An die Stelle des Erwartungswertes $P$ tritt ein Wert $Pq$, wobei $q$ seinerseits einer Wahrscheinlichkeitsverteilung, der sogenannten Primärverteilung, folgt[19]. Bildlich kann man sich dies verdeutlichen, indem man sich vorstellt, daß die Schadenzahlerwartung $P$ alljährlich neu ausgelost wird. In schlechten Jahren wird ein hoher, in guten Jahren ein niedriger Wert gezogen.

Im Falle schwankender Grundwahrscheinlichkeiten strebt die relative Streuung der Gesamtschadenverteilung nicht mehr gegen 0, sondern gegen einen Grenzwert $> 0$. Dieser Fall ist also durch eine bestandsproportionale Streuungskomponente gekennzeichnet[20], worin die Störung des Risikoausgleichs deutlich zum Ausdruck kommt.

Die Schadenzahlerwartung $P$ kann sich im Zeitablauf auch regelmäßig ändern, etwa in Form von Trends oder zyklischen Schwankungen. Soweit solche Änderungen erkennbar sind, sind sie nicht zufällig und insoweit auch nicht Bestandteil des versicherungstechnischen Risikos.

### b) Wahrscheinlichkeitsansteckung und Kumul

In vielen Fällen kann man nicht davon ausgehen, daß die Einzelschäden voneinander stochastisch unabhängig sind. Es ist möglich, daß durch den Eintritt eines Schadenfalles der Eintritt weiterer Schadenfälle wahrscheinlicher wird. Man spricht dann von Wahrscheinlichkeitsansteckung, ein Ausdruck, der am besten auf die Krankenversicherung paßt. Wenn ein Versicherter an Typhus erkrankt ist, so ist klar, daß die Wahrscheinlichkeit eines Krankheitsfalles für die gleichfalls versicherten Familienmitglieder steigt. Es kann aber auch sein, daß ein Schadenereignis mehrere Verträge betrifft, man denke in der Unfallversicherung an Flugzeugabstürze oder in der Sturm- und Hagelversicherung an Unwetterkatastrophen. Derartige Schäden werden als Kumulschäden bezeichnet. Es läßt sich zeigen, daß auch in diesen beiden Fällen das Risiko, gemessen an $v$, nicht gegen 0 geht, sondern einem Grenzwert $> 0$ zustrebt[21].

---

[19] *Ammeter*, Hans: Über die risikotheoretischen Grenzen der Versicherbarkeit, Blätter der Deutschen Gesellschaft für Versicherungsmathematik 1955, S. 263 f.

[20] Vgl. für die kollektive Risikotheorie *Ammeter*, Elemente, S. 53; derselbe, Grenzen, a. a. O., S. 264; für die individuelle Risikotheorie *Braeß*, Paul: Betriebswirtschaftliche Gedanken zur Risikotheorie und Schwankungsrückstellung, Berlin 1965, S. 19.

[21] Vgl. *Ammeter*, Risikogewinne, S. 194.

### c) Schätzfehler

Die Versicherung ist in der Literatur sehr beliebt, wenn es darum geht, ein Beispiel für die Berechenbarkeit von Risiken anzuführen. Auch der Hinweis auf das Gesetz der großen Zahlen ist dann gleich zur Hand. Wir wissen aber, daß sich dieses Gesetz auf unabhängige Kopien stochastischer Variablen bezieht. Ein Zufallsexperiment muß genau dem anderen gleichen, soll das Gesetz zur Geltung kommen. In der Versicherung kann man keine Zufallsexperimente unter kontrollierten Bedingungen durchführen; man ist auf die Beobachtung der Vergangenheit angewiesen. Beobachtet man verschiedene Einzelrisiken über längere Zeiträume hinweg, um eine ausreichende statistische Basis zu erhalten, so ist aber durchaus fraglich, ob die Beobachtungen am Anfang und am Ende der Reihe überhaupt noch zusammengefaßt werden dürfen[22]. Vielfach sind die Risiken derartigen Veränderungen unterworfen, daß ein Einzelrisiko am Ende der Beobachtungszeit ein völlig anderes sein kann als am Anfang. Auch ist die statistische Basis in vielen Fällen sehr schmal, oft fehlt sie völlig, man denke etwa an die Versicherung neuartiger industrieller Anlagen. Selbst unter Ausnutzung aller statistischer Methoden zur Bewältigung des Fehlerproblems verbleibt die Möglichkeit eines Schätzfehlers, der gleichermaßen dem Zufall unterworfen ist wie der Schadenverlauf selbst.

Wenn wir einen Bestand von homogenen Verträgen haben, die alle mit dem gleichen Prämiensatz belegt sind, so ist klar, daß sich eine Fehlschätzung dieses einen Prämiensatzes auf den ganzen Bestand auswirken muß und keinen Ausgleich im Kollektiv finden kann. Rechnet man mit der falschen Prämie $Pq$ statt mit der richtigen Prämie $P$ und nimmt an, daß der relative Schätzfehler $q$ einer Primärverteilung folgt, so gelangt man wieder zu dem Modell schwankender Grundwahrscheinlichkeiten[23]. Der Schätzfehler führt also wiederum zu einer bestandsproportionalen Komponente der Streuung.

#### 4. Zusammenfassung

Die versicherungsmathematische Risikotheorie erlaubt es, Gesamtschadenverteilungen für Versicherungsbestände aufzustellen, die der Wirklichkeit genügend nahe kommen. Das einfache Modell, das Unabhängigkeit der Einzelschäden und Konstanz der Schadenzahlerwartung $P$ voraussetzt, genügt jedoch meist nicht. Oft müssen schwankende Grundwahrscheinlichkeiten, Wahrscheinlichkeitsansteckung, Kumul sowie zufällige Schätzfehler angenommen werden. Diese Störungs-

---

[22] *Ammeter*, Elemente, S. 71.
[23] *Ammeter*, Risikogewinne, S. 195 f.

faktoren lassen sich unter gewissen Einschränkungen auf ein einheitliches Modell zurückführen, das für die praktische Anwendung „gerade noch einfach genug ist"[24]. Dieses Modell kann auch gewissen stochastischen Änderungen der Schadensummenverteilung Rechnung tragen[25]. Wichtig ist, daß dieses Modell zu einer bestandsproportionalen Komponente der Streuung führt. Bestandserhöhungen wirken also nicht mehr im gewünschten Umfange risikomindernd. Die Streuung nimmt absolut gesehen von einer bestimmten Größenordnung des Bestandes an nahezu proportional zu, relativ gesehen nähert sie sich einem Grenzwert. Die Störungen des Risikoausgleichs lassen sich mildern, wenn mehrere stochastisch unabhängige Teilbestände zu einem Gesamtbestand zusammengefaßt werden. Die Störungen, die in jedem Teilbestand wirken, gleichen sich dann untereinander wieder etwas aus. Auch unter diesem Gesichtspunkt ist also eine Geschäftstätigkeit des Versicherers in verschiedenen Versicherungszweigen und in verschiedenen Ländern von Vorteil[26].

## V. Risiko und Unsicherheit

Die in der Literatur weit verbreitete Unterscheidung zwischen Risiko und Unsicherheit geht auf Knight[27] zurück. Risiko soll vorliegen, wenn sich die Wahrscheinlichkeit mit statistischen Methoden messen läßt, Unsicherheit, wenn man lediglich auf Schätzungen angewiesen ist. Diese Unterscheidung hat sich in der Literatur nicht nur durchgesetzt, sie wurde sogar noch verfeinert, indem man die Unsicherheit in eine objektive und eine subjektive unterteilte[28]. Bei subjektiver Unsicherheit bestehen über die Wahrscheinlichkeitsverteilung immerhin noch subjektive Vorstellungen, bei objektiver überhaupt keine mehr.

Wir betrachten die Wahrscheinlichkeit als eine objektive Größe, die wir zwar nicht kennen, die wir aber messen können. Wie alle Messungen kann auch die Messung der Wahrscheinlichkeit niemals ganz genau sein, da es in der wirtschaftlichen Wirklichkeit weder die erforderlichen idealen Versuchsbedingungen noch unendliche Versuchsfolgen gibt. Je schlechter die Voraussetzungen für ein gutes Meßergebnis erfüllt sind, um so größer ist die Wahrscheinlichkeit eines Schätzfehlers. Die Bedingungen können sich kontinuierlich bis zur völligen Ignoranz verschlechtern.

---

[24] *Ammeter*, Risikogewinne, S. 197.
[25] *Ammeter*, Risikogewinne, S. 196 f.
[26] *Ammeter*, Grenzen, S. 277.
[27] *Knight*, F. H.: Risk, uncertainty and profit, 8 th edition, London 1957.
[28] Vgl. z. B. *Albach*, Wirtschaftlichkeitsrechnung, S. 123 ff. und 166 ff.; *Sabel*, Wirtschaftlichkeitsrechnungen, S. 48 ff.

Aus diesen Gründen lehnen wir die Unterscheidung zwischen Risiko und Unsicherheit ab. Das Risiko hat zwei Komponenten, einmal die Wahrscheinlichkeitsverteilung selbst, zum anderen den Grad der Information über diese Verteilung[29]. Selbst wenn die objektive Wahrscheinlichkeitsverteilung bekannt wäre, wüßte man nur, welche Ergebnisse mit welchen Wahrscheinlichkeiten eintreten können. Man weiß aber nicht, welches Ergebnis wirklich eintreten wird. Von „einwertigen Erwartungen"[30] kann also keine Rede sein. Je schlechter die Information über die Verteilung ist, um so größer wird der Anteil des Schätzfehlers am Gesamtrisiko sein. Die Übergänge zu immer schlechteren Informationsgraden sind aber flüssig. Jede Grenze wäre willkürlich. Allenfalls könnte man den Grenzfall völliger Ignoranz als Unsicherheit bezeichnen[31]. Aber selbst dann ist ein Risikomodell zweckmäßig, weil der Entscheidende sich stets nach seinen Vorstellungen über die Wahrscheinlichkeit richtet, die er im Grenzfall für alle Ereignisse gleich hoch ansetzt.

---

[29] *Karten*, Schwankungsfonds, S. 41.

[30] *Grochla*, Erwin: Planung, betriebliche, Handwörterbuch der Sozialwissenschaften, 8. Band, Stuttgart, Tübingen, Göttingen 1962, S. 317; *Albach*, Wirtschaftlichkeitsrechnung, S. 73 ff.; *Sabel*, Wirtschaftlichkeitsrechnungen, S. 48.

[31] Vgl. auch *Schneeweiß*, Hans: Entscheidungskriterien bei Risiko, Berlin und Heidelberg 1966, S. 12.

# E. Rationale Unternehmensziele
## in der Versicherungswirtschaft

In einer Volkswirtschaft haben die Unternehmen die Aufgabe, Güter für die menschliche Bedürfnisbefriedigung bereitzustellen. VU sind keine Ausnahme. Sie produzieren ein Gut besonderer Art, nämlich Versicherungsschutz.

Für den Unternehmer ist die Produktion aber nur Mittel zum Zweck. Er produziert nicht um der Produktion willen, sondern um ein Unternehmensziel oder mehrere Unternehmensziele zu erreichen. Weisser[1] spricht in diesem Zusammenhang vom Sinn eines Unternehmens, über den außerökonomisch entschieden wird. Wir wollen jedoch an dem geläufigen Begriff des Unternehmenszieles festhalten.

Die Unternehmensziele sind die obersten Leitmaximen der Unternehmung, denen sich alle betrieblichen Entscheidungen unterzuordnen haben. Besteht das Ziel einer Versicherungsgesellschaft darin, einen möglichst hohen Gewinn zu erzielen, so darf sie nicht um jeden Preis eine Bestandserhöhung anstreben. Die Bestandspolitik hat sich dem Unternehmensziel zu unterwerfen und muß auf diejenige Bestandsgröße und -zusammensetzung gerichtet sein, die den höchsten Gewinn verspricht. Das aber ist grundsätzlich nicht der größtmögliche Bestand.

Alle Entscheidungen über die Größe und Zusammensetzung des Versicherungsbestandes hängen auf diese Weise von den Unternehmenszielen ab. Ein Versicherungsbestand kann nicht an sich optimal sein, sondern immer nur im Hinblick auf eines oder mehrere Ziele. Es ist unmöglich, ein Planungsmodell zu entwerfen, wenn man nicht vorher die zu verfolgenden Ziele klar und widerspruchsfrei definiert hat.

Man muß zwischen dem institutionellen und dem subjektiven Ziel eines Unternehmens unterscheiden[2]. Das institutionelle Ziel ist von

---

[1] *Weisser*, Gerhard: Morphologie der Betriebe, Handwörterbuch der Betriebswirtschaft, Band III, 3. Auflage, Stuttgart 1957 — 1960, Sp. 4037.

[2] Vgl. *Weisser*, Gerhard: Versicherungswissenschaft und Unternehmensmorphologie, in: Beiträge zur Versicherungswissenschaft, Festgabe für Walter *Rohrbeck*, Berlin 1955, S. 474.

außen erkennbar, insbesondere anhand der Satzungen. Dem institutionellen Ziele nach gibt es nur zwei Unternehmenstypen, nämlich erwerbswirtschaftliche und bedarfswirtschaftliche Unternehmen. Erwerbswirtschaftliche Unternehmen sind dazu bestimmt, ein Maximum an Gewinn zu erwirtschaften, bedarfswirtschaftliche Unternehmen haben einen bestimmten Bedarf optimal zu befriedigen[3].

Erwerbswirtschaftlich orientiert sind die Versicherungsaktiengesellschaften, bedarfswirtschaftlich die Versicherungsvereine auf Gegenseitigkeit und die öffentlich-rechtlichen Versicherungsanstalten. Letztere unterscheiden sich nicht ihrem institutionellen Ziele nach, sondern hinsichtlich ihrer Trägerschaft. Versicherungsvereine haben private, öffentlich-rechtliche Versicherungsanstalten haben öffentliche Träger.

Das subjektive Ziel eines Unternehmens kann von dem institutionellen Ziel mehr oder weniger abweichen. Grund hierfür sind die Motive des Unternehmers[4], die hinter dem Unternehmensziel stehen. Die Motive können vielfältiger Natur sein. Soziale Motive sind ebenso denkbar wie Streben nach Macht und Prestige. Oft wandeln die Motive des Unternehmers das institutionelle Ziel des Unternehmens ab. So ist es auch zu erklären, daß sich ursprünglich erwerbswirtschaftlich oder bedarfswirtschaftlich angelegte Unternehmen in ihren Zielen annähern, wie es vor allem in der Versicherungswirtschaft zu beobachten ist[5].

Volkswirtschaftliche Aufgabe, Ziel und Motiv sind drei verschiedene Begriffsebenen, die zueinander in einer Zweck-Mittel-Relation stehen[6]. Die Aufgabe des Unternehmens besteht in der Produktion, aber es wird produziert, um beispielsweise Gewinne zu erzielen. Gewinne wiederum werden angestrebt, um gut zu leben, Prestige zu genießen oder auch um das Geld für soziale Zwecke zu verwenden. Weisser[7] meint, daß es nur einem geisteskranken Menschen möglich wäre, die Gewinnerzielung selbst als Grundmotiv seines wirtschaftlichen Handelns zu betrachten.

Die Bestandsplanung bezieht sich auf einen Teilaspekt der Versicherungsproduktion. Als Leitmaxime eines solchen Planungsmodells

---

[3] *Weisser*, Gerhard: Statistische Begriffe aufgrund soziologisch und wirtschaftspolitisch orientierter Bildung von Unternehmenstypen, Allgemeines Statistisches Archiv 1958, S. 333.

[4] *Weisser*, Statistische Begriffe, S. 329.

[5] Vgl. vor allem *Frey*, Emil: Der Stand der Angleichung der Unternehmungsformen in der Versicherungswirtschaft, Versicherungswissenschaftliches Archiv 1957, S. 21 ff.

[6] Vgl. hierzu auch *Bidlingmaier*, Unternehmerziele, S. 76 f. und S. 119; *Linhardt*, Hanns: Grundlagen der Betriebsorganisation, Essen 1954, S. 110.

[7] *Weisser*, Gerhard: Genossenschaft und Gemeinschaft, Sonderdruck aus „Gemeinnütziges Wohnungswesen" Heft 12, Dezember 1954, und Heft 1, Januar 1955, S. 2.

kann nur das Unternehmensziel in Betracht kommen, da nur zwischen Ziel und Produktion als volkswirtschaftlicher Aufgabe des Unternehmens eine unmittelbare Zweck-Mittel-Relation besteht. Würde man ein Motiv als Leitmaxime in das Produktionsmodell einführen so hätte man eine Stufe übersprungen. Das Produktionsmodell muß den Versicherungsbestand ausweisen, der dem Unternehmensziel am besten entspricht. Das subjektive Unternehmensziel wiederum ist so festzulegen, daß es den Motiven des Unternehmers Rechnung trägt. Bei einer explikativen Betrachtungsweise hat man das subjektive Unternehmensziel als Planungsdatum anzusehen.

Die subjektiv geformten Ziele eines VU können unterschiedlich sein. Es spricht wenig dafür, daß ein Unternehmen nur ein Ziel, etwa die Gewinnmaximierung, anstrebt. Ebenso sinnvoll scheint die Annahme zu sein, daß ein Unternehmen mehrere Ziele verfolgt[8].

Besondere Bedeutung wird in der Versicherungswirtschaft dem Umsatzstreben beigemessen[9]. Die Gründe liegen auf der Hand: Der Umsatz, in der Versicherungswirtschaft gemessen an Prämieneinnahmen, Versicherungssummen oder Vertragsstückzahlen, ist eine leicht zu kontrollierende Zielgröße[10], deren ständige Überwachung keine Schwierigkeiten bereitet. Am Umsatz kann man unmittelbar die Stellung des Unternehmens im Markt erkennen[11], die Bezüge vieler Mitarbeiter eines VU hängen zumindest teilweise vom Umsatz ab.

Dessen ungeachtet scheint es uns zumindest fraglich zu sein, ob das Umsatzstreben wirklich ein Unternehmensziel in dem hier gebrauchten Sinne ist, ob das Unternehmen also um des Umsatzes willen produziert. Man kennt in der Wirtschaft zwar Beispiele einer rücksichtslosen Expansionspolitik. Im allgemeinen scheint es aber eher so zu sein, daß die Unternehmen glauben, hohe Umsätze würden, zumindest auf lange Sicht, auch hohe Gewinne mit sich bringen. Dann aber ist das Umsatzstreben kein Unternehmensziel mehr, sondern ein Mittel zur Erreichung eines Unternehmenszieles, nämlich der Gewinnmaximierung. Dies ist in der Versicherungswirtschaft besonders augenfällig, wie die Existenz der freiwilligen Prämienkartelle beweist. Kein Unternehmen, das echte Umsatzmaximierung betreibt, würde einem solchen Prämienkartell beitreten, da es damit das wirksamste Instrument zur Umsatzsteigerung, die Unterbietung, aus der Hand gibt.

---

[8] *Heinen*, Edmund: Die Zielfunktion der Unternehmung, in: Zur Theorie der Unternehmung, Festschrift zum 65. Geburtstag von Erich *Gutenberg*, Wiesbaden 1962, S. 11.

[9] *Farny*, Dieter: Unternehmerentscheidungen in der Versicherungswirtschaft, Zeitschrift für die gesamte Versicherungswissenschaft 1966, S. 143.

[10] *Farny*, Unternehmerentscheidungen, S. 143 f.

[11] *Heinen*, Zielfunktion, S. 22.

Will man ein Produktionsmodell entwickeln, so muß man zuvor das Unternehmensziel oder die Unternehmensziele definieren. Wenn es aber in der Praxis eine Vielzahl von Unternehmenszielen gibt, ist es unmöglich, ein allgemeines, für alle Unternehmen brauchbares Produktionsmodell zu entwerfen. Die theoretische Analyse muß sich deshalb auf wenige idealtypische Ziele beschränken, wozu sich die eingangs erwähnten institutionellen Ziele der Unternehmen anbieten. Im folgenden wird deshalb versucht, ein Produktionsmodell für den Idealtyp des erwerbswirtschaftlichen VU aufzustellen. Erst im vorletzten Kapitel soll gezeigt werden, inwieweit sich das Produktionsmodell eines bedarfswirtschaftlichen Versicherers hiervon unterscheidet.

Bei der Formulierung des Unternehmenszieles unterstellen wir, daß der Unternehmer rational handelt. Hierbei sei mit von Neumann und Morgenstern[12] davon ausgegangen, daß ein Individuum rational handelt, wenn es versucht, die jeweiligen Maxima zu erreichen. Dies ist eine zwangsläufige Folgerung aus der bekannten allgemeinen Formulierung des Rationalprinzips.

Maxima können in der Praxis immer nur innerhalb bestimmter Grenzen erreicht werden, die als Nebenbedingungen in das Produktionsmodell eingehen. Andernfalls würden die Unternehmen beliebig hohe Gewinne erzielen. Solche Grenzen können im Unternehmen selbst begründet sein, da die Kapazität oder die finanziellen Mittel beschränkt sind. Sie können aber auch von außen gegeben sein, wenn etwa der Höchstgewinn durch die Aufsichtsbehörde vorgeschrieben ist, oder wenn die öffentliche Meinung nur Gewinne in bestimmter Höhe zuläßt. Dessen ungeachtet handelt es sich um ein Maximumproblem. Der Gewinn ist zu maximieren unter der Nebenbedingung, daß er eine bestimmte Größenordnung nicht übersteigen darf.

## I. Gewinnstreben

Versicherungsaktiengesellschaften sind erwerbswirtschaftliche Unternehmen. Ihr institutionelles Ziel besteht darin, ein Maximum an Gewinn zu erwirtschaften. Wenn die Gewinnerzielung bei Versicherungsgesellschaften mitunter als nicht ganz ehrenhaft angesehen wird, wie Farny[13] hervorhebt, so beruhen solche Ansichten auf einer Verkennung des marktwirtschaftlichen Prinzips. Gewinne gehören zum

---

[12] *von Neumann* und *Morgenstern:* Spieltheorie und wirtschaftliches Verhalten, Würzburg 1961, S. 9.

[13] *Farny*, Unternehmerentscheidungen, S. 138.

Steuerungsmechanismus der Marktwirtschaft, und wer sich zur Marktwirtschaft bekennt, kann sich nicht gleichzeitig gegen das Gewinnstreben aussprechen.

Uns braucht diese Frage jedoch nicht weiter zu beschäftigen. Erstens betrachten wir nur das institutionelle Ziel des Unternehmens, und zweitens ist nicht zu bestreiten, daß VU im allgemeinen Gewinne erwirtschaften. Erscheint die Gewinnerzielung in einzelnen Sparten als gefährdet, so werden geeignete Maßnahmen ergriffen, um diesen Zustand zu beenden. Das beweisen die Sanierungsbestrebungen der Versicherer in verschiedenen Sparten, und sie haben es auch früher bewiesen. Mit der Feststellung, daß die Gesellschaften nach Gewinn streben, ist allerdings noch nicht gesagt, daß sie auch versuchen, den maximalen Gewinn zu erreichen. Es wird im Gegenteil behauptet, daß in der Versicherungswirtschaft eine Gewinnmaximierung im Gegensatz zu anderen Wirtschaftszweigen schon theoretisch ausgeschlossen sei[14]. Da wir das Unternehmensziel als Maximumproblem formulieren wollen, um es so in ein mathematisches Produktionsmodell einfügen zu können, müssen wir uns mit diesem Einwand eingehend auseinandersetzen.

### 1. Grenzkosten in der Versicherungswirtschaft

Wir betrachten ein VU mit einem Bestand homogener Verträge. Aus diesem Bestand erhält die Gesellschaft in einer Periode eine bestimmte Gesamtprämieneinnahme. Andererseits entstehen verschiedene Kosten, wobei wir der Einfachheit halber nur die Schadenkosten berücksichtigen wollen. Die Gesellschaft sei in der Lage, den Bestand innerhalb einer gewissen Grenze beliebig zu erhöhen. Gesucht wird die Bestandsgröße, die den Periodengewinn maximiert.

Wenn das VU den Bestand um eine kleine, strenggenommen infinitesimale Einheit erhöht, so ist mit der Bestandserhöhung ein Zuwachs an Kosten und Erlösen verbunden, den man als Grenzkosten und Grenzerlös bezeichnet. Die Grenzkosten und Grenzerlöse kann man in Abhängigkeit von der Bestandsgröße darstellen. Man erhält dann die Grenzkosten- und Grenzerlösfunktion. Mathematisch sind die Grenzkosten- und Grenzerlösfunktion die erste Ableitung der Gesamterlös- und der Gesamtkostenfunktion. Bildlich kann man sich die Grenzkosten und Grenzerlöse als die Prämie und die Kosten einer zusätzlichen Versicherung vorstellen.

---

[14] *Braeß,* Paul: Über das Wettbewerbssystem der Versicherung, in: Wirtschaft, Gesellschaft und Kultur, Festgabe für Alfred *Müller-Armack,* Berlin 1961, S. 33 f.; *Farny,* Dieter: Die Versicherungsmärkte, Berlin 1961, S. 100 ff.

Das VU kann mit jeder Bestandserhöhung einen Mehrgewinn erzielen, solange die Grenzkosten unter den Grenzerlösen liegen. Nehmen die Grenzkosten mit wachsendem Bestande zu oder die Grenzerlöse mit wachsendem Bestande ab, so ist der gewinnmaximale Bestand derjenige, bei dem die Grenzkosten gleich den Grenzerlösen
sind. Sobald die Grenzkosten höher sind als die Grenzerlöse, ist jede
Bestandserhöhung mit einem Verlust verbunden.

Versucht man, diese einfachen und aus der ökonomischen Theorie
wohlbekannten Überlegungen auf die Versicherung anzuwenden, so
ergeben sich einige Schwierigkeiten. Gesetzt, ein VU beabsichtige,
seinen Bestand um eine kurzlaufende einjährige Todesfallversicherung
mit einer Summe von 5 000 DM zu erhöhen. Die Wahrscheinlichkeit
des Eintritts des Versicherungsfalles sei 0,01. In der kommenden
Periode können zwei Ereignisse eintreten: Der Versicherte stirbt,
dann werden Schadenkosten in Höhe von 5 000 DM fällig; stirbt er
nicht, entstehen keine Schadenkosten. Die Grenzkosten der zusätzlichen Versicherung sind also kein determinierter Betrag, sondern eine
stochastische Variable, die mit der Wahrscheinlichkeit von 0,01 den
Wert 5 000 und mit der Wahrscheinlichkeit 0,99 den Wert 0 annimmt.
Ex ante ist es in der Versicherung also unmöglich, den Betrag der
Grenzkosten zu bestimmen, denn diese Überlegungen gelten selbstverständlich für jeden Versicherungsvertrag. Wenn aber Grenzkosten
nicht festgestellt werden können, ist auch die Gewinnmaximierung
methodisch nicht vorstellbar[15]. Das Instrument der Marginalanalyse
versagt. Das ist der Kern der Einwände gegen die Anwendung des
Gewinnmaximierungsprinzips auf die Versicherung[16].

Die Argumentation scheint stichhaltig zu sein. Allerdings gibt zu denken, daß in anderen Wirtschaftszweigen ähnliche Erscheinungen auftreten können, ohne daß man hier die theoretische Möglichkeit der
Gewinnmaximierung jemals in Frage gestellt hätte. Albach[17] bringt ein
Beispiel aus der Fotoindustrie. Von den zum Verkauf gelangenden Fil-
men sind immer einige unbrauchbar und werden von den Käufern zurückgegeben, bringen also keinen Erlös. Erhöht der Produzent die Film-
herstellung um einen Film, so ist der Grenzerlös entweder gleich dem
Preis p oder gleich 0. Nimmt man an, daß auf die Dauer und im
Durchschnitt 5⁰/o aller verkauften Filme zurückgegeben werden, so ist
der Grenzerlös eine stochastische Variable, die mit der Wahrscheinlichkeit von 0,05 den Wert 0 und mit der Wahrscheinlichkeit von 0,95 den
Wert p annimmt.

---

[15] *Farny*, Versicherungsmärkte, S. 102.
[16] Vgl. *Braeß*, Wettbewerbssystem, S. 33; *Farny*, Versicherungsmärkte,
S. 101 f.
[17] *Albach*, Wirtschaftlichkeitsrechnung, S. 77.

Die Parallele zur Versicherung wird auf der Kostenseite noch deutlicher. Ein Kaltwalzgerüst gerät in unregelmäßigen Abständen in Brand, da die entstehende hohe Reibungshitze das Kühlöl entzündet. Nach jedem Brand entstehen Reparaturkosten von 1000 Mark, die nach dem Verursachungsprinzip dem Walzband zuzurechnen wären, das den Schaden verursacht hat. Die normalen Walzkosten betragen für ein Band 100 Mark. Somit sind die Walzkosten für ein zusätzliches Band eine stochastische Variable, die mit bestimmten Wahrscheinlichkeiten den Wert 100 oder 1100 annimmt. Die Verrechnung der sogenannten kalkulatorischen Wagnisse, die in einigen Industriezweigen recht bedeutend sein können, ist ein Verfahren, mit dessen Hilfe man solche Zufallseinflüsse aus der Kostenrechnung eleminieren kann. Dabei wird aber das Verursachungsprinzip verlassen[18].

Der Hinweis auf den stochastischen Charakter der Schadengrenzkosten ist also kein Argument dafür, daß die Anwendung der Marginalanalyse und damit des Gewinnmaximierungsprinzips in der Versicherung grundsätzlich anders zu beurteilen ist als in anderen Wirtschaftszweigen. Wie das Beispiel aus der Fotoindustrie gezeigt hat, sind hier sogar Fälle denkbar, in denen auch die Grenzerlöse stochastischen Einflüssen unterliegen. Man muß aber zugeben, daß das stochastische Element im Bereich der Versicherung besonders stark ausgeprägt ist. Das aber ist kein systematischer, sondern nur ein gradueller Unterschied.

### 2. Die Prämisse vollkommener Voraussicht

Die logischen Schwierigkeiten bei der Anwendung der marginalen Betrachtungsweise auf den Bereich der Versicherung ergeben sich dadurch, daß man in der Versicherung unwillkürlich mit einem stochastischen Modell arbeitet, während die bei der Untersuchung anderer Wirtschaftszweige angewandte Marginalanalyse auf einem deterministischen Modell beruht. Nähert man sich zwei Untersuchungsgegenständen aber jeweils unter anderen Prämissen, so muß man auch dann zu verschiedenen Ergebnissen kommen, wenn die Untersuchungsgegenstände gleich oder ähnlich sind.

Die Aussage, daß in der Versicherungswirtschaft im Gegensatz zu anderen Wirtschaftszweigen keine Gewinnmaximierung möglich ist, kann man nur dann treffen, wenn man beide Bereiche unter denselben Prämissen untersucht hat. Es gilt also, auch auf die Versicherungswirtschaft die Prämisse vollkommener Voraussicht anzuwenden. Hiergegen ließe sich einwenden, daß ein solches Verfahren für den Bereich der Versicherung unzulässig sei, denn könnte man die Schadenfälle vor-

---

[18] *Mellerowicz*, Konrad: Kosten und Kostenrechnung, Band I, 3. Auflage, Berlin 1957, S. 77.

aussehen, wären keine Versicherungsabschlüsse mehr möglich. Die Nichtvorhersehbarkeit zukünftiger Ereignisse ist ja gerade eine Grundvoraussetzung für das Versicherungsgeschäft. Es scheint also bei erster Betrachtung so zu sein, daß die Prämisse vollkommener Voraussicht die Grundlage des Versicherungsgeschäftes aufhebt. Zu diesem Ergebnis kommt man allerdings nur, wenn man unter vollkommener Voraussicht eine Art Allwissenheit versteht.

Morgenstern weist in einem vielbeachteten Aufsatz[19] nach, daß man die Prämisse vollkommener Voraussicht so nicht interpretieren darf, da sie sonst zu logischen Widersprüchen führt. Er erläutert dies an einem bekannten Beispiel: Sherlock Holmes wird von seinem Gegner Moriarty verfolgt. Als Holmes in den Zug nach Dover steigt, erblickt er beim Abfahren Moriarty auf dem Bahnhof. Auch Moriarty hat Holmes gesehen. Holmes steigt auf einer Zwischenstation aus, da er annimmt, Moriarty werde mit einem schnelleren Extrazug direkt nach Dover fahren, um ihn dort zu erwarten. Wenn nun aber Moriarty noch klüger gewesen wäre, hätte er Holmes' Entscheidung voraussehen müssen. Dies wiederum hätte Holmes voraussehen können, worauf Moriarty wiederum anders reagiert hätte. Würden beide Gegner über die vollkommene Voraussicht im Sinne einer Allwissenheit verfügen, so käme man zu dem paradoxen Ergebnis, daß ihnen gerade ihre Klugheit jede Handlungsmöglichkeit verbauen würde.

Zweck der Prämisse vollkommener Voraussicht ist es, das Risiko aus der theoretischen Betrachtung auszuklammern. Vollkommene Voraussicht beseitigt jedes Risiko, da dieses eben ein Produkt der Unvollkommenheit der Voraussicht ist[20]. Wir haben das versicherungstechnische Risiko definiert als die Möglichkeit zufallsbedingter Abweichungen vom geschätzten Erwartungswert des Gesamtschadens. Vollkommene Voraussicht braucht somit nur zu bedeuten, daß keine Abweichungen des tatsächlichen vom erwarteten Schadenverlauf eintreten, daß effektiver Gesamtschaden und geplante Nettoprämie immer übereinstimmen. Wir kommen also mit einer sehr viel schwächeren Interpretation der vollkommenen Voraussicht aus, die das Versicherungsprinzip keineswegs stört. Der Versicherer kennt zwar im voraus die Summe der effektiven Schäden aus einem gegebenen Bestand, es ist aber nicht bekannt, ob das Einzelrisiko X, Y oder Z vom Schaden betroffen wird. Er kann zwar die Höhe des Gesamtschadens als kollektives Ereignis voraussehen, nicht aber die dem Gesamtschaden zugrunde liegenden individuellen Ereignisse.

---

[19] *Morgenstern*, Oskar: Vollkommene Voraussicht und wirtschaftliches Gleichgewicht, in: Spieltheorie und Wirtschaftswissenschaft, Wien 1963, S. 51 f.

[20] *Morgenstern*, Vollkommene Voraussicht, S. 45.

Unter dieser Voraussetzung ist der tatsächliche Gesamtschaden $Z$ gleich dem Erwartungswert des Gesamtschadens $E(Z)$:

$$(34) \qquad Z = E(Z)$$

Ist der Erwartungswert der Einzelschäden $E(X)$ gegeben, so erhält man den bereits bekannten einfachen Ausdruck:

$$(35) \qquad Z = n \, E(X)$$

Hierin ist $E(X)$ eine Konstante. Die Schadenskosten sind also, vollkommene Voraussicht und homogene Verträge unterstellt, nur von der Bestandsgröße $n$ abhängig. Für die Grenzkosten $Z'$ erhält man somit:

$$(36) \qquad Z' = E(X)$$

Dieses Ergebnis ist im übrigen trivial. Es ist klar, daß dem Erwartungswert des Gesamtschadens mit jeder hinzukommenden Versicherung die Einzelschadenerwartung oder Nettoprämie zuwachsen muß. Unter diesem Aspekt gelingt es also, die Grenzkosten in der Versicherung sinnvoll zu definieren, nämlich als Erwartungswert des Einzelschadens des hinzukommenden Vertrages. Damit sind wir wieder in Übereinstimmung mit Braeß[21], der betont, daß die Grenzkosten in der Versicherung, wenn überhaupt, so nur mit Hilfe des Erwartungswertes definiert werden können.

Farny[22] definiert die Grenzkosten ebenfalls als Erwartungsschaden, den er allerdings durch ein Streuungsmaß korrigieren will. Damit bezieht er das Risiko wieder in die Betrachtung ein. Ein Streuungsmaß sagt jedoch wenig darüber aus, welche Abweichung wirklich eintreten wird. Die Grenzkosten können in einem stochastischen Modell nur als Zufallsvariable definiert werden. In einem deterministischen Modell, dem die Prämisse vollkommener Voraussicht zugrunde liegt, sind die Grenzkosten gleich dem Erwartungswert und damit eindeutig determiniert.

### 3. Maximierung der Gewinnerwartung

Der Gewinn ist in unserem einfachen Beispiel die Differenz zwischen Prämie und Schadenkosten. Rechnet man nicht mit den effektiven Schadenkosten, die ex ante unbekannt sind, sondern mit den erwarteten, so erhält man als Differenz den Erwartungswert des Gewinnes. Da sowohl die Gesamtprämieneinnahme als auch der Erwartungswert des Gesamtschadens von der Bestandsgröße und -zusammensetzung abhängig sind, ist auch die Gewinnerwartung von der Bestandsgröße und -zusammensetzung abhängig und damit maximierbar.

---

[21] *Braeß*, Wettbewerbssystem, S. 34.
[22] *Farny*, Produktions- und Kostentheorie, S. 153.

Faßt man den Gesamtschaden einer Periode aber als eine stochastische Variable auf, so ist auch der Gewinn eine zufällige Veränder-
liche. Der Gewinn ist dann nicht nur von der Bestandsgröße, sondern
auch vom Zufall abhängig. Zwischen Gewinn und Bestandsgröße bestehen keine eindeutigen Beziehungen mehr, und es ist unmöglich, im
voraus diejenige Bestandsgröße zu bestimmen, die den Gewinn maximiert. Wenn jemand einen Abend beim Roulettespiel zubringt, so
hängen seine Gewinnmöglichkeiten zweifellos auch davon ab, wie oft
er einen Einsatz wagt. Aber es ist nicht möglich, im voraus diejenige
Zahl von Einsätzen zu bestimmen, die seinen Gewinn maximiert. Sobald ein Wirtschaftssubjekt nicht alle Variablen kontrolliert, von denen
der Gewinn abhängt, ist eine Gewinnmaximierung nicht nur logisch
ausgeschlossen, es liegt in Wahrheit überhaupt kein Maximum vor,
und es kann daher nie eines gefunden werden[23].

Bezieht man das Risiko in die Betrachtung ein, so ist eine Gewinnmaximierung nicht möglich. Allerdings handelt es sich hierbei um
keine Besonderheit der Versicherung. Bei jeder ökonomischen Tätigkeit, die einem Risiko unterliegt, kann man den Gewinn nur im Rahmen eines deterministischen Modells maximieren, das auf der Prämisse vollkommener Voraussicht beruht.

Unter den geeigneten Prämissen läßt sich das Gewinnstreben auch
in der Versicherung als Maximumproblem formulieren, nämlich als
Maximierung der Gewinnerwartung. Es fragt sich aber, ob die VU
wirklich dieses Ziel verfolgen. Als Ansatzpunkt für eine solche Nach-
prüfung bietet sich die Tatsache an, daß die VU im allgemeinen erheblichen Teile ihrer Bruttoprämieneinnahmen an die Rückversicherer
weitergeben.

Man darf davon ausgehen, daß auch die Rückversicherungsprämien[24]
nach dem Äquivalenzprinzip kalkuliert sind. Das ist automatisch der
Fall, wenn die Rückversicherer Teile der Originalprämie eines nach
dem Äquivalenzprinzip arbeitenden Erstversicherers erhalten. Da der
Rückversicherer Kosten hat und etwas verdienen will, müßte grundsätzlich jede Rückversicherungsprämie höher sein als der Erwartungswert der Gegenleistung. Andernfalls würden die Rückversicherer auf
die Dauer und im Durchschnitt mehr an die Erstversicherer auszahlen,
als sie von ihnen einnehmen.

Jede Rückversicherungsnahme verringert also grundsätzlich die Gewinnerwartung des Erstversicherers. Hieraus läßt sich der Schluß

---

[23] *Morgenstern*, Theorie der Spiele, S. 76.
[24] Unter Rückversicherungsprämie verstehen wir hierbei die Differenz zwischen der Brutto-Rückversicherungsprämie und allen Prämienvergütungen
des Rückversicherers an den Erstversicherer, insbesondere also der Rückversicherungsprovision.

ziehen, daß die VU offenbar nicht nach einer Maximierung der Gewinnerwartung streben, obwohl dies technisch möglich wäre. Die Frage, weshalb unter den geschilderten Umständen überhaupt Rückversicherungen abgeschlossen werden, ist damit zu beantworten, daß ein Rückversicherungsvertrag die möglichen Abweichungen des effektiven Gesamtschadens vom Erwartungswert zumindest absolut, meist aber auch relativ verringert. Die Rückversicherung vermindert also das Risiko des Erstversicherers. Die Verminderung des Erwartungsgewinnes durch die Rückversicherung kann als der Preis bezeichnet werden, den der Erstversicherer für die Verringerung des Risikos zu zahlen bereit ist. Die Versicherer streben also nicht nur nach Gewinn, sondern auch nach einer Verringerung des Risikos. Damit tritt neben das Gewinnstreben das Sicherheitsstreben.

Heute klagen viele Rückversicherer darüber, daß die Erstversicherer mit Vorliebe untertarifierte Bestände rückversichern. Das ist ein Mißbrauch der Rückversicherung, gegen den sich die Rückversicherer mit Recht zur Wehr setzen. Wenn bewußt eine zu niedrige Rückversicherungsprämie vereinbart wurde, um den Erstversicherer finanziell zu unterstützen, handelt es sich, zumindest teilweise, nicht mehr um Rückversicherung, sondern um Finanzierung[25]. Beides sind Ausnahmefälle, die eine Zweckentfremdung der Rückversicherung darstellen, und somit kein Argument gegen die vorstehenden Ausführungen.

## II. Sicherheitsstreben

Bei der großen Bedeutung der Rückversicherung ist das Sicherheitsstreben in der Versicherungswirtschaft als empirisch relevantes Unternehmensziel unbestreitbar. In der Versicherung ist das Sicherheitsstreben sogar von besonders großer Bedeutung. Eine Versicherungsgesellschaft verspricht Sicherheit; und dieses Versprechen setzt voraus, daß der Versprechende selbst ein hohes Maß an Existenzsicherheit aufweist[26]. Die Aufsichtsbehörde hat darauf zu achten, daß die dauernde Erfüllbarkeit der Versicherungsverträge gewährleistet ist. Sie kommt dieser Aufgabe in der Praxis in der Weise nach, daß sie die Sicherheit der VU überwacht. Es sei dahingestellt, ob die Erfüllbarkeit der Versicherungsverträge nicht auch auf anderem Wege gewährleistet werden könnte. Wir müssen aber von der Tatsache ausgehen, daß die Erstversicherer in der ganzen Welt in ihrer Geschäftspolitik mehr oder weniger stark von den Aufsichtsbehörden überwacht werden, und das in erster Linie unter dem Aspekt der Unternehmenssicherheit. Auch

---

[25] *Farny*, Produktions- und Kostentheorie, S. 120.
[26] *Farny*, Unternehmerentscheidungen, S. 145.

aus diesen Gründen ist das Sicherheitsstreben eine wichtige empirische Verhaltensmaxime der VU.

Während man sich die Maximierung der Gewinnerwartung durchaus als alleiniges Unternehmensziel vorstellen kann, ist das Sicherheitsstreben als alleiniges Unternehmensziel undenkbar. Die Unternehmen produzieren nicht, um die Sicherheit zu erhöhen. In der Versicherung ist maximale Sicherheit außerdem nur durch 100prozentige Rückversicherung und damit durch die Aufgabe des Versicherungsgeschäftes überhaupt zu erreichen. Das Versicherungsgeschäft ist seiner Natur nach mit einem arteigenen Risiko verbunden. Dieses Risiko tendiert zwar mit wachsenden Beständen unter idealen Bedingungen gegen 0, es kann diesen Grenzwert aber nie erreichen. In der Praxis sorgen endlich große Versicherungsbestände, schwankende Grundwahrscheinlichkeiten, Wahrscheinlichkeitsansteckung, Kumul und Schätzfehler dafür, daß dem versicherungstechnischen Risiko stets eine große Bedeutung zukommt. Diesem Risiko kann der Unternehmer nur entgehen, wenn er das Versicherungsgeschäft aufgibt, mit dem es untrennbar verbunden ist.

Bei dieser Situation stellt sich die Frage, weshalb die Unternehmer bereit sind, ein solches Risiko zu übernehmen. Bis heute wissen wir auf diese Frage keine bessere Antwort als die, daß die Unternehmer Gewinne erzielen wollen. Gewinne können sie aber auf die Dauer nur erzielen, wenn ihre Existenz gesichert ist. Damit erweisen sich Gewinn- und Sicherheitsstreben als zwei für eine wirklichkeitsnahe Betrachtung untrennbare Unternehmensziele.

Gewinnstreben und Sicherheitsstreben stehen in Widerspruch zueinander. Das versicherungstechnische Risiko in dem hierfür definierten Sinne kann ceteris paribus nur durch Rückversicherung gemindert werden. Rückversicherung erhöht die Sicherheit, vermindert aber gleichzeitig die Gewinnerwartung. Es ist also unmöglich, gleichzeitig maximalen Erwartungsgewinn und maximale Sicherheit zu erreichen.

Das Sicherheitsstreben ist, da es als alleiniges Unternehmensziel nicht in Betracht kommt, im Grunde nur ein Annex zum Gewinnstreben. Der Unternehmer hat zu wählen zwischen hohen, aber unsicheren Gewinnen und niedrigen, aber sicheren Gewinnen. Aus operationalen Gründen empfiehlt es sich aber, das Sicherheitsstreben als ein selbständiges Unternehmensziel aufzufassen.

Gewinnmaximierung ist nur als Maximierung der Gewinnerwartung möglich. Ein solches Unternehmensziel setzt ein bestimmtes Unternehmerverhalten voraus; den Unternehmer dürfen etwaige Abweichungen des effektiven Gesamtschadens von der geplanten Nettoprämie nicht berühren, er muß sich gegenüber dem Risiko indifferent verhalten. Ein Blick in die Praxis zeigt, daß diese Voraussetzung bei VU keineswegs erfüllt ist, die Unternehmer sind vielmehr bereit, erhebliche Teile ihres Erwartungsgewinnes für die Verminderung des versicherungstechnischen Risikos zu opfern. Würde man das Unternehmensziel der VU als Maximierung der Gewinnerwartung definieren, so erhielte man zwar eine einfache und angenehme Theorie, die allerdings wenig mit der Wirklichkeit zu tun hätte[27]. Man muß das Sicherheitsstreben als selbständiges Unternehmensziel berücksichtigen und davon ausgehen, daß ein erwerbswirtschaftliches VU wenigstens zwei Ziele hat, nämlich Gewinnstreben und Sicherheitsstreben.

### III. Einfache und mehrfache Zielsetzung

Verfolgt ein Unternehmen gleichzeitig mehrere Unternehmensziele, so gibt es für ein Entscheidungsmodell grundsätzlich zwei verschiedene Lösungsansätze. Man kann ein Hauptziel herausgreifen und die anderen Ziele zu Nebenbedingungen degradieren. Dies führt zu dem bekannten Modell einer zu maximierenden Zielfunktion unter Beschränkungen. Die Lösung des Zielkonfliktes geschieht hierbei auf die sukzessive Weise. Es ist aber auch möglich zu versuchen, alle Ziele simultan einem gemeinsamen Optimum zuzuführen.

#### 1. Einfache Zielsetzung unter Nebenbedingungen

Folgt man der Ansicht Heinens[28], daß das Gewinnmotiv nach wie vor die wichtigste Antriebskraft unternehmerischen Handelns darstellt, so könnte man sehr bequem ein Modell entwerfen, daß die Gewinnerwartung unter der Nebenbedingung einer ausreichenden Sicherheit maximiert.

Der Gedanke, das Sicherheitsstreben als Nebenbedingung anzusehen, steht hinter der gesamten individuellen und kollektiven Risikotheorie. Das zentrale Interesse der modernen Risiko- und Rückversicherungstheorie ist auf die Ruinwahrscheinlichkeit gerichtet. Es wird angenommen, daß ein Teilziel der VU darin besteht sicherzustellen, daß die Ruinwahrscheinlichkeit einen bestimmten Betrag nicht übersteigt[29]. Wie dieser Betrag festgesetzt werden soll, bleibt offen.

Braeß, in dessen risikotheoretischen Arbeiten[30] ähnliche Gedanken anklingen, gibt an anderer Stelle[31] zu bedenken, ob eine Versiche-

---

[27] *Borch*, Karl: Eine wirtschaftliche Theorie der Versicherung, Mitteilungen der Vereinigung schweizerischer Versicherungsmathematiker 1964, S. 133.

[28] *Heinen*, Zielfunktion, S. 28.

[29] *Borch*, Karl: The objectives of an insurance company, Skandinavisk Aktuarietidskrift 1962, S. 164 f.

[30] *Braeß*, Versicherung und Risiko, derselbe, Schwankungsrückstellung.

[31] *Braeß*, Wettbewerbssystem, S. 34.

rungsgesellschaft nicht das „Prinzip des geringsten Risikos" verfolgen könne. Dieses Prinzip ist so zu verstehen, daß eine bestimmte befriedigende Gewinnerwartung als Nebenbedingung fixiert und dann das Risiko minimiert wird. Bloße Risikominimierung kann nicht gemeint sein, da eine Verfolgung dieses Zieles, wie wir gesehen haben, zur Aufgabe des Versicherungsgeschäftes überhaupt führen würde. Die unterschiedlichen Ansatzpunkte, die Braeß in seinen Arbeiten gewählt hat, zeigen deutlich, daß man weder eine befriedigende Gewinnerwartung noch eine befriedigende Sicherheit naturnotwendig als Nebenbedingung in einem Produktionsmodell ansehen kann. Es lassen sich vielmehr für beide Wege plausible Argumente finden. Steht also von vornherein keineswegs fest, welche der Leitmaximen man als zu maximierendes Ziel und welche man als Nebenbedingungen anzusehen hat, so ist das Modell auch dann noch problematisch genug, wenn zugunsten einer bestimmten Rangordnung entschieden wurde.

Gesetzt, ein VU betreibt Maximierung der Gewinnerwartung unter der Nebenbedingung ausreichender Sicherheit, gemessen an der Streuung. Dieses Unternehmen müßte gegenüber allen Versicherungsbeständen mit gleicher Gewinnerwartung aber unterschiedlicher Streuung indifferent sein, solange die einzelnen Streuungsmaße unter der von der Nebenbedingung gesetzten Grenze liegen. Es ist unmittelbar einsichtig, daß diese Annahme sehr wirklichkeitsfremd ist, denn die Gesellschaft würde sich zweifellos für den Bestand mit der geringsten Streuung entscheiden.

Eine andere Gesellschaft habe einen Versicherungsbestand, dessen Streuung genau auf der von der Nebenbedingung gesetzten Grenze liegt. Nach den Bedingungen des Modells müßte die Gesellschaft jede noch so günstige Rückversicherungsmaßnahme ablehnen, die einerseits zu einer erheblichen Verminderung des Risikos, andererseits aber zu einer geringen Schmälerung der Gewinnerwartung führen würde[32]. Die Gesellschaft müßte, wenn sie in Übereinstimmung mit dem Modell handeln wollte, auch jedes noch so günstige Neugeschäft ablehnen, das die Gewinnerwartung erheblich erhöht, gleichzeitig aber zu einer geringfügigen Überschreitung der Risikogrenze führt. Es ist mehr als zweifelhaft, daß sich die VU in Wirklichkeit so verhalten.

Das einfache, beliebte und praktikable Modell der einfachen Zielsetzung unter Nebenbedingungen erweist sich damit als ein in vielfacher Hinsicht problematischer Lösungsvorschlag mit sehr strengen und einengenden Voraussetzungen.

---

[32] Vgl. hierzu auch *Borch*, Karl: An attempt to determine the optimum amount of stop loss reinsurance, Transactions of the XVIth International Congress of Actuaries, Band 1, S. 607.

## 2. Mehrfache Zielsetzung

Der erste Ansatz, das Problem mehrfacher Zielsetzung auf sukzessive Weise zu bewältigen, hat sich als unbefriedigend erwiesen. Er ist nur scheinbar praktikabel, da er auf Prämissen beruht, die sich schwerlich mit der Wirklichkeit in Einklang bringen lassen. Es ist deshalb zu prüfen, ob man nicht mehrere Ziele simultan einem gemeinsamen Optimum zuführen kann. Bei einem solchen Lösungsansatz stehen die relevaten Ziele gleichberechtigt nebeneinander, keines der Ziele wird durch einen willkürlichen Eingriff zur Nebenbedingung erklärt.

### a) Gute Lösungen

Wir betrachten ein VU mit zwei Zielen: Gewinnstreben und Sicherheitsstreben. Beide Ziele widersprechen einander. Höhere Sicherheit ist nur auf Kosten des Gewinnes zu erreichen und umgekehrt. Die Gesellschaft hat die Möglichkeit, aus einem gegebenen Bestand $B_0$ durch geeignete absatzpolitische Maßnahmen alternativ eine Reihe anderer Bestände $B_1$, $B_2$, . ., $B_n$ aufbauen. Gesucht ist der im Hinblick auf beide Ziele günstigste Bestand.

Unter den erreichbaren Beständen werden sich einige befinden, die sowohl hinsichtlich der Streuung als auch hinsichtlich der Gewinnerwartung schlechter zu beurteilen sind als andere. Das sind relativ schlechte Bestände, die aus der Betrachtung ausscheiden. Es bleibt eine Reihe von Beständen übrig, die sich untereinander dadurch unterscheiden, daß sie hinsichtlich des einen Kriteriums besser, hinsichtlich des anderen aber schlechter zu beurteilen sind als andere. Das sind relativ gute Bestände.

Ein simultanes Entscheidungsmodell bei mehrfacher Zielsetzung ist im allgemeinen ohne nennenswerte Schwierigkeiten lösbar bis auf mehrere gute Ergebnisse. Diese sogenannten guten Lösungen haben die vorbezeichneten Eigenschaften der relativ guten Bestände.

Derartige Entscheidungsprobleme sind in der Literatur bereits behandelt worden. Es sei hier vor allem auf die Arbeiten von Dinkelbach[33] und Markowitz[34] verwiesen. Dinkelbach untersucht Probleme aus der Industrie und zeigt, daß die Methoden der linearen und nichtlinearen Programmierung dazu geeignet sein können, gute Lösungen bei mehrfacher Zielsetzung zu finden. Markowitz entwickelt eine Methode zur Bestimmung optimaler Wertpapierportefeuilles, wobei er unterstellt, daß die Anleger zwei gleichrangige Ziele verfolgen, nämlich Maximierung der Dividendenerwartung und Minimierung des Risikos. Er kommt dabei ebenfalls zu mehreren guten Lösungen, die er als „efficient portfolios" bezeichnet.

---

[33] *Dinkelbach*, Werner: Unternehmerische Entscheidungen bei mehrfacher Zielsetzung, Zeitschrift für Betriebswirtschaft 1962, S. 739 ff.
[34] *Markowitz*, Harry M.: Portfolio selection, 2. Auflage, New York 1965.

## b) *Das Dilemma bei mehrfacher Zielsetzung*

Es ist denkbar, daß bei der Lösung eines Entscheidungsproblems mit mehrfacher Zielsetzung nur ein guter Bestand übrigbleibt. Dann hat das Modell eine eindeutige Lösung. Möglich ist aber auch, daß es sich bei allen in Betracht kommenden Beständen um gute Bestände handelt. Dann hat das Problem so viele Lösungen wie Lösungsmöglichkeiten. Meist wird es so sein, daß eine Reihe relativ schlechter Bestände ausscheidet und verschiedene relativ gute Bestände übrigbleiben.

Damit ist dem VU aber nicht gedient. Es wäre nämlich ein ganz außergewöhnlicher Zufall, wenn die guten Bestände sowohl hinsichtlich der Gewinnerwartung als auch hinsichtlich der Streuung übereinstimmen würden. Normalerweise wird jeder gute Bestand aus der Sicht eines Zieles günstiger, aus der Sicht des anderen Zieles aber ungünstiger zu beurteilen sein, als ein beliebiger anderer guter Bestand. Solange man an der mehrfachen Zielsetzung festhält, ist es logisch ausgeschlossen, unter den guten Lösungen die beste herauszufinden und damit das Problem einer eindeutigen Lösung zuzuführen. Das ist das Dilemma bei Entscheidungsmodellen mit mehrfacher Zielsetzung.

## IV. Vereinigung zweier Ziele

Wir können nicht hoffen, bei mehrfacher Zielsetzung einen optimalen Versicherungsbestand zu finden. Das Dilemma bei Entscheidungsmodellen mit mehrfacher Zielsetzung ist kein vorläufiges, das durch spätere Fortschritte der Wissenschaft überwunden werden könnte. Es ist logischer Natur und damit unüberwindbar.

Sollte die Behauptung zutreffen, daß in der Praxis eine Vielzahl oft widersprüchlicher Ziele angestrebt wird[35], so müssen die Unternehmen weit von einer rationalen Geschäftspolitik entfernt sein. Wenn es schon unmöglich ist, ein Entscheidungsmodell mit zweifacher Zielsetzung zu lösen, so sind die Aussichten bei der in der Literatur geschilderten Vielzahl der Ziele geradezu hoffnungslos. Wir sind jedoch der Ansicht, daß die Vielzahl der empirischen Ziele nur eine scheinbare ist und oft auf eine ungenaue Fragestellung zurückgeht. Manche Ziele werden als verschieden angesehen, obwohl sie in Wirklichkeit identisch sind. So sind das Streben nach Kostendeckung und das Streben nach begrenzter Gewinnerzielung nichts anderes als Ge-

---

[35] Vgl. *Bidlingmaier*, Unternehmerziele, S. 127 ff.; *Farny*, Unternehmerentscheidungen, S. 137 ff.; *Heinen*, Zielfunktion, S. 16 ff.; *Rößle*, Karl: Allgemeine Betriebswirtschaftslehre, 5. Auflage, Stuttgart 1956, S. 42 ff.; *Pack*, Ludwig: Rationalprinzip und Gewinnmaximierungsprinzip, Zeitschrift für Betriebswirtschaft 1961, S. 209.

winnmaximierung unter Nebenbedingungen. Mitunter verwechselt man auch die Ziele mit den Mitteln zur Erreichung der Ziele. Das Umsatzstreben dürfte in vielen Fällen nur als Mittel zur Gewinnmaximierung anzusehen sein. Schließlich werden die Ziele mit den Motiven vermischt, obwohl es sich um zwei verschiedene Begriffsebenen handelt. Ein Unternehmer kann zahlreiche Motive haben, braucht aber trotzdem nur ein Ziel zu verfolgen. Nur das Ziel interessiert aber in der Entscheidungstheorie.

Will man ein Entscheidungsmodell mit mehrfacher Zielsetzung einer eindeutigen Lösung zuführen, so muß man es auf eine einfache Zielsetzung zurückführen. Dies ist heute möglich für die beiden wichtigsten Ziele eines erwerbswirtschaftlichen Versicherers, die Maximierung der Gewinnerwartung und die Minimierung des Risikos, die sich zur Nutzenmaximierung zusammenfassen lassen.

Gegeben sei eine Versicherungsgesellschaft mit einem bestimmten Kapital[36]. Dieses Kapital erhöht sich in der kommenden Periode um die Prämien $P$, von denen wir annehmen, daß sie alle zu Beginn des Geschäftsjahres gezahlt werden. Andererseits treten Schäden im Gesamtbetrag von $Z$ ein. Alle anderen Kosten sollen vernachlässigt werden.

Am Ende der Periode wird die Gesellschaft über ein Kapital $Y = S + P - Z$ verfügen. $S$ und $P$ sind Konstanten, $Z$ ist eine Zufallsvariable. Also muß auch das Endkapital $Y$ eine stochastische Variable sein. Ihre Verteilung bezeichnen wir mit $G(y)$, wobei $-\infty < y \leq S + P$. $G(y)$ wird in der Literatur Gewinnverteilung genannt, was nicht ganz sauber ist, weil es sich um die Verteilung des durch Gewinne erhöhten oder Verluste geminderten Kapitals handelt. Wir wollen an der Terminologie jedoch nichts ändern.

Die moderne spieltheoretische Nutzentheorie ermöglicht es, die subjektive Einschätzung jeder beliebigen Verteilung, also auch der Gewinnverteilung, durch den Unternehmer zu messen. Der Nutzen faßt alle Aspekte der Verteilung zu einer einzigen Zahl zusammen, die allerdings nicht nur von der Verteilung selbst, sondern auch von der subjektiven Risikobereitschaft des Unternehmers abhängig ist.

Das VU befindet sich zu Beginn jeder Planungsperiode in einer Risikosituation, die durch die Gewinnverteilung $G(y)$ vollkommen beschrieben wird. Offensichtlich ist das Unternehmen bestrebt, seine Risikosituation zu verbessern. Wenn man also jeder beliebigen Gewinnverteilung $G(y)$ eine bestimmte Maßgröße, nämlich den Nutzen, zuordnen kann, so ist klar, daß sich das Problem als Maximierung eben dieser Maßgröße formulieren läßt.

---

[36] Vgl. zu den folgenden Ausführungen auch *Borch*, Karl: The utility concept applied to the theory of insurance, The Astin-Bulletin, Band 1, S. 246.

## F. Das Prinzip der Nutzenmaximierung

Der Nutzenbegriff stammt aus der Nationalökonomie. Nach dem Scheitern der objektiven Wertlehre erkannte man, daß der Wert eines Gutes keine diesem innewohnende Eigenschaft ist, sondern durch die subjektive Einschätzung der Wirtschaftssubjekte bestimmt wird. Eine Sache ist nicht deshalb einen bestimmten Betrag wert, weil ihre Herstellung Kosten in dieser Höhe verursacht hat. Es ist vielmehr gerade umgekehrt die subjektive Einschätzung des Gutes, die uns veranlaßt, für seine Herstellung Kosten in bestimmter Höhe aufzuwenden. Diese subjektive Wertschätzung bezeichnet man als Nutzen.

Trotz dieser Erkenntnis war es der volkswirtschaftlichen Theorie lange Zeit nicht möglich zu erklären, weshalb lebensnotwendige Güter, denen offenbar ein hoher Nutzen zukommt, nahezu wertlos sein können, während andererseits keineswegs lebensnotwendige Seltenheitsgüter zu hohen Preisen gehandelt werden. Die Lösung dieses Problems, das als Antinomie des Wertes bezeichnet wird, kam von der Wiener Schule. Man erkannte, daß für den Wert eines Gutes nicht nur dessen Nutzen, sondern auch die vorhandene Menge entscheidend ist. Wesentlich hierbei ist aber, daß die Bewertung eines Gütervorrates nicht nach dem höchsten oder durchschnittlichen Nutzen geschieht, sondern nach dem geringsten Nutzen der letzten zur Verfügung stehenden Einheit, dem sogenannten Grenznutzen. Da alle Teilmengen eines Gütervorrates untereinander austauschbar sind, können sie keinen höheren Wert haben als die letzte Einheit mit dem geringsten Nutzen. Der Wert des Wassers bestimmt sich somit nicht nach dem großen Nutzen des Glases Wasser, das uns vor dem Verdursten retten könnte, sondern nach dem Nutzen der letzten Einheit, die wir zum Blumengießen verwenden[1].

Seit der Wiener Schule ist der Nutzen ein Hauptbestandteil der ökonomischen Theorie. Einige der Nutzentheorie zugrundeliegende Überlegungen sind jedoch wesentlich älter. Als einer der ersten hat Daniel Bernoulli[2] im Jahre 1738 den Nutzengedanken aufgegriffen.

---

[1] *Röpke*, Wilhelm: Die Lehre von der Wirtschaft, 8. Auflage, Zürich 1958, S. 25.

[2] *Bernoulli*, Daniel: Versuch einer neuen Theorie der Wertbestimmung von Glücksfällen (Specimen theoriae novae de mensura sortis), Übersetzung von

Seine Arbeit ist bis auf den heutigen Tag eines der wichtigsten Werke der Nutzentheorie geblieben. Der Ausgangspunkt Bernoullis ist jedoch ein ganz anderer als der der volkswirtschaftlichen Theorie. Ihm ging es nicht darum, das Wertproblem zu lösen, sondern darum, eine rationale Grundlage für Entscheidungen in Risikosituationen zu finden. Dabei stellte er zwei Hypothesen auf, die als Gesetz vom abnehmenden Grenznutzen und als Bernoulliprinzip bekannt sind. Befangen vom Grenznutzenbegriff der Wiener Schule hat man lange Zeit die erste Hypothese Bernoullis als die bedeutendere Leistung angesehen. Die Einführung in die deutsche Ausgabe der Arbeit von 1896 konzentriert sich fast ausschließlich auf diesen Teil der Arbeit.

Erst von Neumann und Morgenstern[3] kehrten wieder zum Ausgangspunkt Bernoullis zurück. Sie behandelten das Nutzenproblem als erste auf axiomatischer Grundlage und konnten das Bernoulliprinzip aus einigen einfachen und plausiblen Grundannahmen ableiten. Damit haben die Überlegungen Bernoullis eine glänzende Bestätigung gefunden. Wichtig ist, daß der Nutzenbegriff der Spieltheorie wie bei Bernoulli der Lösung von Entscheidungsproblemen in Risikosituationen dient. Er wurde nicht geschaffen, um das Wertproblem zu lösen, was allerdings nicht besagen soll, daß er hierzu nicht geeignet ist. Es ist wichtig, die unterschiedliche Blickrichtung der klassischen und der modernen spieltheoretischen Nutzentheorie nicht aus den Augen zu verlieren. Nur dann wird verständlich, daß es sich bei dem modernen Nutzenbegriff lediglich um einen Operator handelt, mit dessen Hilfe Entscheidungsprobleme in Risikosituationen auf die Maximierung eines mathematischen Ausdrucks zurückgeführt werden können[4].

## I. Die Hauptaxiome der modernen Nutzentheorie

Wird eine Theorie axiomatisch aufgebaut, so können die Grundannahmen in gewisser Hinsicht willkürlich gewählt werden. Jedenfalls gibt es kein allgemeingültiges Axiomensystem, es ist vielmehr eine Frage der Zweckmäßigkeit, letztlich sogar eine ästhetische Frage, von welchen Grundannahmen man ausgehen will. Dabei gilt es, einen Kompromiß zwischen zwei gegenläufigen Prinzipien zu finden. Die Axiome sollen nach Möglichkeit einfach und unmittelbar ein-

---

Alfred *Pringsheim*, Leipzig 1896, oder Exposition of a new theory on the measurement of risk, Übersetzung von Louise *Sommer*, Econometrica 1954, S. 23 ff.

[3] *von Neumann* und *Morgenstern*, Spieltheorie.

[4] Vgl. zur Definition des Begriffes Operator *Borch*, Karl: Reciprocal reinsurance treaties, The Astin Bulletin, Band 1, S. 178.

leuchtend, der mathematische Apparat zur Ableitung der Ergebnisse nicht allzu kompliziert sein. Gewöhnlich ist es aber so, daß der Weg zu einem gewünschten Theorem länger und komplizierter wird, wenn man von einfacheren und grundlegenderen Annahmen ausgeht[5].

Aus diesen Gründen ist es ganz natürlich, daß es für die moderne Nutzentheorie nicht ein einheitliches Axiomensystem gibt, sondern deren mehrere. Neben von Neumann und Morgenstern[6] haben vor allem Herstein und Milnor[7], Luce und Raiffa[8] sowie Savage[9] eigene axiomatische Ansätze gewählt. Die Unterschiede zwischen den einzelnen Systemen bestehen in mathematischen Feinheiten, mit denen wir uns nicht näher befassen können. Alle Axiomensysteme der modernen Nutzentheorie beinhalten jedoch drei wesentliche Grundannahmen, die zum besseren Verständnis der Theorie nachstehend kurz erläutert werden sollen.

### 1. Vergleichbarkeitsaxiom

Gegeben sei eine Menge $M$. Für zwei beliebige Elemente $A$ und $B$ aus dieser Menge $M$ gilt entweder $A \approx B$ oder $A > B$ oder $B > A$. Man kann sich $A$ und $B$ vorstellen als Güter, Aggregate von Gütern, Ereignisse, Versicherungsbestände oder ähnliches, kurz als Dinge, denen irgendein Nutzen beigemessen wird.

Das Vergleichbarkeitsaxiom setzt somit voraus, daß ein Wirtschaftssubjekt in der Lage ist zu entscheiden, ob es $A$ dem $B$ gleicherachtet $(A \approx B)$ ob es $A$ dem $B$ vorzieht $(A > B)$ oder umgekehrt $B$ dem $A$ $(B > A)$. Diese Annahme scheint plausibel zu sein.

$A$ und $B$ sind keine Zahlen. $A > B$ heißt lediglich, daß $A$ dem $B$ vorgezogen wird, nicht etwa, daß $A$ größer ist als $B$. Diese Beziehung wäre nur bei numerischen Größen sinnvoll.

### 2. Transitivitätsaxiom

Wenn $A > B$ und $B > C$, dann gilt $A > C$. Ist $A < B$ und $B < C$, dann ist $A < C$. Schließlich gilt $A \approx C$, wenn $A \approx B$ und $B \approx C$.

Wenn Kaffee dem Tee vorgezogen wird und Tee dem Bier, dann wird Kaffee dem Bier vorgezogen. Werden einerseits Kaffee und Bier

---

[5] Vgl. *von Neumann* und *Morgenstern*, Spieltheorie, S. 25; *Borch*, utility concept, S. 248.

[6] *von Neumann* und *Morgenstern*, Spieltheorie, S. 26 ff. und 642 ff.

[7] *Herstein* und *Milnor:* An axiomatic approach to measurable utility, Econometrica 1953, S. 291 ff.

[8] *Luce* und *Raiffa:* Games and decisions, New York und London 1957, S. 23 ff.

[9] *Savage*, Leonard J.: The foundations of statistics, New York 1954, S. 69 ff.

gleicherachtet, andererseits Tee dem Bier, so werden auch Kaffee und Bier gleich eingeschätzt. Ein solches Verhalten nennt man transitiv. Das Vergleichbarkeitsaxiom und das Transitivitätsaxiom errichten eine vollständige Ordnung unter den Elementen der Menge $M$.

Auch das Transitivitätsaxiom scheint einleuchtend zu sein. Dennoch handelt es sich hierbei um eines der problematischsten Axiome der modernen Nutzentheorie. Wenn man einen Gast fragt, ob er Tee oder Kaffee bevorzugt, wird er vielleicht antworten, es sei ihm gleich. Hieraus darf man jedoch nicht ohne weiteres schließen, daß für seine persönliche Präferenzstruktur nicht der geringste Unterschied zwischen Kaffee und Tee bestünde. Vielfach besteht zwar ein Unterschied, er ist aber so klein, daß er unterhalb einer psychologischen Reizschwelle liegt und deshalb nicht empfunden wird[10]. Der Gast ist dann zwar indifferent gegenüber der Alternative Kaffee oder Tee, dennoch sind Kaffee und Tee nicht äquivalent. Dies zeigt sich, wenn man das Individuum mehrere Alternativen, etwa $A$ und $B$ einerseits und $B$ und $C$ andererseits vergleichen läßt. Wenn zwischen den Alternativen jeweils ein geringer, vom Entscheidungssubjekt nicht empfundener Unterschied besteht, so kann die psychologische Reizschwelle beim Vergleich von $A$ und $C$ überschritten werden. Es gilt dann $A \approx B$ und $B \approx C$, aber $A > C$. Das Individuum verhält sich also intransitiv.

May[11] schildert verschiedene Experimente, bei denen sich die Beteiligten oft in verblüffender Weise intransitiv verhalten haben. Man kann daraus nur schließen, daß dem menschlichen Verhalten die Transitivität nicht ohne weiteres eigen ist. Vielfach wird nur eine rationale Analyse des Problems das Individuum veranlassen, sein gefühlsmäßig intransitives Verhalten zu korrigieren.

Ökonomisch besonders interessant ist das bekannte Abstimmungsparadoxon[12], und zwar deshalb, weil es in jeder größeren Unternehmung Entscheidungen geben wird, die von verschiedenen Personen nach dem Mehrheitsprinzip getroffen werden.

Gesetzt, eine Versicherungsgesellschaft habe sich entschlossen, die Versicherungssparten $A$, $B$ und $C$ zusätzlich aufzunehmen. Aus finan-

---

[10] Vgl. *Pfanzagl*, J.: Die axiomatischen Grundlagen einer allgemeinen Theorie des Messens, Würzburg 1959, S. 15; *Streißler*, Erich: Nutzen, Abschnitt II, Handwörterbuch der Sozialwissenschaften, 8. Band, Stuttgart, Tübingen, Göttingen 1964, S. 11.

[11] *May*, Kenneth O.: Intransitivity, utility and the aggregation of preference patterns, Econometrica 1954, S. 1 ff.

[12] Vgl. *Adam*, Adolf: Programmiertes Wirtschaften, Wien 1964, S. 22; *Wolff*, Karl.-H.: Methoden der Unternehmensforschung im Versicherungswesen, Berlin, Heidelberg 1966, S. 157.

ziellen und personellen Gründen ist es aber nicht möglich, alle drei Sparten gleichzeitig einzuführen. Die Arbeit in den neuen Sparten muß vielmehr nach und nach, vielleicht im Abstand von jeweils einem Jahr, aufgenommen werden. Die drei Vorstandsmitglieder sollen darüber entscheiden, in welcher Reihenfolge die Sparten einzuführen sind. Die Ansicht der einzelnen Vorstandsmitglieder zu dieser Frage ist folgende:

$$\text{Vorstandsmitglied 1:} \quad A > B > C$$
$$\text{Vorstandsmitglied 2:} \quad B > C > A$$
$$\text{Vorstandsmitglied 3:} \quad C > A > B$$

Da jedes Vorstandsmitglied eine andere Reihenfolge für zweckmäßig hält, muß abgestimmt werden. Bei der Abstimmung werden, falls keines der Vorstandsmitglieder seine Ansicht revidiert, zwei Stimmen für $A > B$, zwei für $B > C$ und zwei für $C > A$ abgegeben. Das Ergebnis ist also intransitiv.

Das Interessante hierbei ist, daß man bei Abstimmungen zu intransitiven Ergebnissen kommen kann, obwohl sich jeder Beteiligte transitiv verhalten hat. Der Grund für diese eigenartige Erscheinung besteht darin, daß ein Mehrheitsbeschluß mathematisch gesehen ein Abbildungsverfahren ist, das die Rangfolge zerstören kann[13].

### 3. Verknüpfungsaxiom

Wir betrachten zwei einander ausschließende zukünftige Ereignisse *B und C*. *B* tritt mit der objektiven Wahrscheinlichkeit *a*, *C* mit der Wahrscheinlichkeit $1 - a$ ein. Die Kombination der beiden Möglichkeiten ist eine algebraische Verknüpfung, die wir wie folgt bezeichnen:

(37)        $aB + (1 - a)\, C$, wobei $0 < a < 1$

Hierin ist *a* als Wahrscheinlichkeit eine Zahl. *B* und *C* sind, wie nochmals hervorgehoben werden soll, keine Zahlen. Infolgedessen darf die algebraische Verknüpfung auch nicht als Summe verstanden werden.

Für (37) gelten im wesentlichen folgende Eigenschaften[14], wobei *A* als ein sicheres Ereignis anzusehen ist:

(38 a)        Aus $B < C$ folgt $B < aB + (1 - a)\, C$

(38 b)        Aus $B > C$ folgt $B > aB + (1 - a)\, C$

(38 c)    Aus $B < A < C$ folgt: Es gibt ein $a$ mit $aB + (1 - a)\, C < A$

(38 d)    Aus $B > A > C$ folgt: Es gibt ein $a$ mit $aB + (1 - a)\, C > A$

---

[13] *Adam*, Programmiertes Wirtschaften, S. 22.
[14] *von Neumann* und *Morgenstern*, Spieltheorie, S. 26.

Bisher wurde von dem Individuum nur verlangt, zwischen jeweils zwei Gütern, Ereignissen oder ähnlichem zu entscheiden. Das Verknüpfungsaxiom geht einen entscheidenden Schritt weiter und fordert von einem Entscheidungssubjekt, daß es in der Lage ist, zwischen dem sicheren Ereignis A und der Kombination der einander ausschließenden ungewissen Ereignisse B und C, denen jeweils bestimmte Wahrscheinlichkeiten zugeordnet sind, zu wählen. Von Neumann und Morgenstern halten dies für eine natürliche Erweiterung des Präferenzbildes[15]. In der Tat dürfte diese Annahme gerade für den Bereich der Versicherung akzeptabel sein, da es hier immer darum geht, ein sicheres Ereignis, nämlich die Prämienzahlung, mit einer Kombination zukünftiger ungewisser Ereignisse (im einfachsten Fall Schaden oder Nichtschaden) zu vergleichen[16]. Man darf aber nicht übersehen, daß mit dem Verknüpfungsaxiom hohe Anforderungen an ein abstraktes Denkvermögen gestellt werden.

## II. Die Meßbarkeit des Nutzens

Aus den Axiomen der modernen Nutzentheorie lassen sich zwei wichtige Ergebnisse ableiten, die kardinale Meßbarkeit des Nutzens und das Bernoulliprinzip. Die Ableitung erfordert einen erheblichen mathematischen Aufwand, der das Verständnis des Nichtmathematikers bei weitem übersteigt. Wir müssen uns deshalb darauf beschränken, die wesentlichsten Grundgedanken herauszuarbeiten.

Man kann beweisen, daß der Nutzen unter bestimmten Voraussetzungen, die im wesentlichen mit den beschriebenen Axiomen identisch sind, meßbar ist. Die Frage kann also nicht lauten, ob man den Nutzen überhaupt messen kann, sondern nur, ob die Axiome der Nutzentheorie mit den empirisch zu beobachtenden Sachverhalten befriedigend übereinstimmen. Alle Kritik gegen die moderne Nutzentheorie richtet sich deshalb folgerichtig gegen ihre Axiome.

Ursprünglich hat man den Nutzen als in ähnlicher Weise meßbar angesehen, wie man Längen und Gewichte messen kann. Eine solche Messung heißt kardinal. Hiergegen wurde eingewandt, daß ein Individuum nur in der Lage sei zu entscheiden, ob ein Gut $G_1$ dem Gut $G_2$ vorzuziehen ist oder nicht. Man könne also lediglich eine ordinale Rangfolge unter den Gütern aufstellen, dagegen sei es nicht möglich, die Nutzendifferenz zwischen den Gütern $G_1$ und $G_2$ einerseits und den Gütern $G_3$ und $G_4$ andererseits zu vergleichen. Diese Auffassung

---

[15] *von Neumann* und *Morgenstern*, Spieltheorie, S. 17.
[16] *Borch*, Karl: utility concept, S. 249; derselbe, reinsurance treaties, S. 174.

führte zur Theorie der Indifferenzkurven, die noch heute eine große Bedeutung in der Nationalökonomie besitzt.

### 1. Ordinale und kardinale Nutzenmessung

Die Frage, ob der Nutzen ordinal oder kardinal gemessen werden kann, ist für diese Untersuchung sehr wichtig. Wie bereits angedeutet, erlaubt eine ordinale Messung nur die Aufstellung einer Rangfolge. Man spricht auch von einer topologischen Skala[17]. Jede beliebige Zuordnung von Zahlen, welche die gleiche Rangfolge wiedergibt, erfüllt denselben Zweck. Ist festgestellt, daß die Güter $G_1$, $G_2$ und $G_3$ in der Rangfolge $G_1$ $G_2$ $G_3$ anzuordnen sind, so kann die topologische Skala, 1, 2, 4 oder 4, 10, 11 oder —3, 0, 1 oder ähnlich lauten.

Messen bedeutet die Zuordnung von Zahlen zu Sachverhalten oder die Abbildung von Sachverhalten auf die Menge der reellen Zahlen[18]. Es ist unmittelbar einleuchtend, daß es im Falle der ordinalen Messung keinen eindeutigen Weg gibt, vielmehr kann man zwischen einer ganzen Reihe von Zuordnungen wählen. Jede dieser möglichen Zuordnungen ist mit den anderen durch sogenannte monotone Transformationen verbunden. Dies bedeutet, daß jede beliebige Zuordnung zulässig ist, die die Rangfolge nicht zerstört. Man sagt, eine topologische Skala ist eindeutig bis auf eine monotone Transformation.

Es wäre sinnlos, Nutzendifferenzen vergleichen zu wollen, wenn man den Nutzen nur ordinal messen könnte. Auch kann man bei ordinalen Skalen nicht mit Mittelwert und Streuung arbeiten. Wie Pfanzagl[19] hervorhebt, besagt die Relation

$$\frac{1}{n} \sum_{i=1}^{n} x_i < \frac{1}{m} \sum_{j=1}^{m} y_j$$

nichts, wenn beliebige monotone Transformationen zulässig sind. Es gibt immer eine monotone Transformation $u' = \Phi(u)$, so daß

$$\frac{1}{n} \sum_{i=1}^{n} x'_i > \frac{1}{m} \sum_{j=1}^{m} y'_j,$$

wodurch sich die Relation genau in ihr Gegenteil verkehrt.

Wie noch zu zeigen ist, beruht das Bernoulliprinzip auf dem gewogenen Mittel des Nutzens. Es setzt deshalb unbedingt voraus, daß der Nutzen kardinal meßbar ist. Die kardinale Messung führt zu einer sogenannten metrischen Skala[20].

---

[17] *Pfanzagl*, Theorie des Messens, S. 10.
[18] *Streißler*, Nutzen, S. 5; *Pfanzagl*, Theorie des Messens, S. 14.
[19] *Pfanzagl*, Theorie des Messens, S. 11 f.
[20] *Pfanzagl*, Theorie des Messens, S. 21.

Auch eine metrische Skala ist nicht eindeutig in dem Sinne, daß jedem Sachverhalt nur eine ganz bestimmte Zahl zugeordnet werden könnte. Die metrische Skala gibt aber neben der bloßen Rangordnung auch die Ordnung der Abstände wieder, und dies ist eine wesentliche Erweiterung gegenüber einer topologischen Skala. Bei einer metrischen Skala sind nicht mehr beliebige Transformationen zulässig, sondern nur noch lineare, die das Verhältnis der Abstände zueinander nicht zerstören. Von Bedeutung für spätere Überlegungen ist, daß für die Konstruktion einer metrischen Skala die Additivität nicht angenommen zu werden braucht, wie die Temperaturmessung beweist. Sie ist zwar kardinal, trotzdem kann für die Temperatur keine Addition sinnvoll definiert werden[21].

Ein einfaches Beispiel für die kardinale Messung bildet die euklidische Geometrie, in der es ebenfalls keine Möglichkeit gibt, eine Längeneinheit absolut zu fixieren[22]. Das Verhältnis zweier Strecken zueinander ist aber stets dasselbe, gleichgültig ob man die Strecken in Meter, Fuß, Ellen oder sonstwie mißt. Mitunter liegt auch der Nullpunkt einer Skala nicht eindeutig fest, wie das Beispiel der Zeitmessung beweist.

Eine ordinale Messung erlaubt nur die Feststellung einer Rangfolge, eine kardinale Messung darüber hinaus auch einen Vergleich der Abstände. Die metrische Skala ist eindeutig bis auf eine lineare Transformation, d. h. bis auf die Festlegung eines Maßstabes und des Nullpunktes. Liegt der Nullpunkt auf natürliche Weise fest, wie etwa bei der Längenmessung, so ist die metrische Skala eindeutig bis auf Streckungen.

### 2. Die kardinale Nutzenmessung der Spieltheorie

Jedes Messen beruht letztlich auf einer Sinneswahrnehmung. Im Falle des Nutzens liefert die unmittelbare Empfindung der Präferenz die Grundlage für die Messung[23]. Der geniale Einfall, der zur kardinalen Nutzenmessung geführt hat, besteht darin, die Wahrscheinlichkeit als Maß für den Nutzen heranzuziehen.

Gegeben seien die zukünftigen Ereignisse A, B und C. A tritt sicher ein, B und C sind ungewiß, ihnen ist lediglich eine Wahrscheinlichkeit von jeweils 50% zugeordnet. Dabei schließen B und C einander aus. Tritt B ein, wird C nicht eintreten und umgekehrt. Wir fordern nun nach dem Verknüpfungsaxiom, daß das Wirtschaftssubjekt in der Lage ist zu entscheiden, ob das sichere Ereignis A der Kombination der

---

[21] *Pfanzagl*, Theorie des Messens, S. 26.
[22] *von Neumann* und *Morgenstern*, Spieltheorie, S. 22, Fußnote 2.
[23] *von Neumann* und *Morgenstern*, Spieltheorie, S. 16.

ungewissen Ereignisse B und C vorzuziehen ist oder nicht. Hat man das einmal angenommen, so ist die Meßbarkeit des Nutzens eine beinahe triviale Konsequenz[24].

Um ein Beispiel zu gebrauchen, soll das Individuum wählen zwischen dem sicheren Geldbetrag von 10 DM (Ereignis A) und einem Griff in eine Urne, in der sich zwei Lose befinden, von denen eines einen Gewinn von 5 DM (Ereignis B) und das andere einen Gewinn von 15 DM (Ereignis C) verspricht. Wird A sowohl dem B als auch dem C vorgezogen, so wird sich das Individuum zweifellos für A entscheiden. Wenn es aber, wie im Beispiel, A dem B vorzieht, gleichzeitig C dem A, so enthält jede Aussage, daß A gegenüber der Kombination von B und C vorgezogen wird, eine grundsätzlich neue Information. Diese besagt, daß seine Präferenz von A gegenüber B größer ist als seine Präferenz von C gegenüber A[25]. Hierin liegt der Ansatzpunkt für eine numerische Messung des Nutzens.

Der Nutzen eines Gutes oder Ereignisses A wird als Funktion von A aufgefaßt:

(39) $$U = U(A)$$

Von Neumann und Morgenstern haben gezeigt, daß eine solche Funktion $U(A)$ existiert und daß sie die Axiome der Nutzentheorie erfüllt. Der Nutzen, für den im folgenden immer die Symbole $U$ oder $u$ (vom Englischen utility) Verwendung finden sollen, ist eine Zahl. Sind die Ereignisse A und B äquivalent, so stimmen deren Nutzen überein. Wird A dem B vorgezogen, so ist der Nutzen des Ereignisses A größer als der des Ereignisses B und umgekehrt. Die Axiome der Nutzentheorie besagen also unter anderem:

(40) $$U(A) \gtreqless U(B), \text{ wenn } A \gtreqless B,$$

und damit

(41) $$U(B) = U[aA + (1-a)C], \text{ wenn } B \approx aA + (1-a)C.$$

Hieraus läßt sich die nachstehende Beziehung ableiten:

(42) $$U[aA + (1-a)C] = aU(A) + (1-a)U(C)$$

Aus (41) folgt also

(43) $$U(B) = aU(A) + (1-a)U(C), \text{ wenn } B \approx aA + (1-a)C$$

Es läßt sich des weiteren zeigen, daß für alle $A > B > C$ jeweils ein und nur ein $a$ existiert, so daß (43) erfüllt ist, wobei $0 \leq a \leq 1$.

---

[24] *Borch*, utility concept, S. 249.
[25] *von Neumann* und *Morgenstern*, Spieltheorie, S. 18.

Wir können das Wirtschaftssubjekt also befragen, wie groß die Wahrscheinlichkeit sein muß, damit die Kombination von A und C als äquivalent zu B angesehen wird, wobei $A > B > C$. Auf diese Weise wird die Wahrscheinlichkeit zu einem numerischen kardinalen Maß für den Nutzen. Hierbei ist klar herauszustellen, daß die Bestimmung der Größe $a$ eine subjektive Entscheidung der befragten Person ist, die der Nutzenmessung vorangeht. Ein Individuum zieht A nicht deshalb B vor, weil A einen größeren Nutzen hat. Es ist vielmehr gerade umgekehrt: Weil das Individuum A dem B vorzieht, hat A einen größeren Nutzen.

Wie noch zu zeigen sein wird, kann man mit Hilfe solcher Experimente, sogenannter Entscheidungsspiele[26], zu numerischen Geldnutzenfunktionen kommen. Eine solche Geldnutzenfunktion gibt die Präferenzstruktur des Wirtschaftssubjektes in operationaler Weise wieder, man kann damit mathematische Entscheidungsprobleme einer eindeutigen Lösung zuführen.

### III. Das Bernoulliprinzip

Unsere eigentliche Aufgabe besteht darin, den Nutzen als Maß für alle möglichen Risikosituationen einzuführen, die durch eine Verteilungsfunktion $F(x)$ beschrieben werden können[27]. Die Meßbarkeit des Nutzens ist hierfür lediglich eine Voraussetzung.

Wir gehen aus von der Beziehung (42) und definieren A und C als Risikosituationen $F_1(x)$ und $F_2(x)$, was uns freisteht, und erhalten somit:

(44)    $U[aF_1(x) + (1 - a) F_2(x)] = aU[F_1(x)] + (1 - a) U[F_2(x)]$

Dabei sollen Risikosituationen der einfachsten Art, nämlich von

(45)    $F(x) = \varepsilon(x - R)$

unterstellt werden. $\varepsilon(x - R)$ ist eine Einpunktverteilung, die dem Wert $x = R$ die Wahrscheinlichkeit 1 und den Werten $x$ ungleich $R$ die Wahrscheinlichkeit 0 zuordnet. Die Risikosituation $\varepsilon(x - R)$ entspricht also dem sicheren Geldbetrag R. Man spricht auch von einer degenerierten Risikosituation. $U[\varepsilon(x - R)]$ ist der Nutzen des sicheren Geldbetrages R. Wir können somit auch schreiben:

(46)    $U[\varepsilon(x - R)] = u(R)$

---

[26] *Heinen*, Zielfunktion, S. 45; *Albach*, Wirtschaftlichkeitsrechnung, S. 180.

[27] Vgl. zu den folgenden Ausführungen z. B. *Borch*, Karl: Reciprocal reinsurance treaties seen as a two-person co-operative game, Skandinavisk Aktuarietidskrift 1960, S. 37 f.; derselbe, utility concept, S. 249 ff.; *Wolff*, Methoden, S. 158 f.; derselbe, Die Unternehmensforschung im Versicherungswesen, Mitteilungen der Vereinigung schweizerischer Versicherungsmathematiker 1963, S. 165 ff.

$A(x) = a \ \varepsilon \ (x - R_1) + (1 - a) \ \varepsilon \ (x - R_2)$ ist eine Zweipunktverteilung für die stochastische Variable $X$, die mit der Wahrscheinlichkeit $a$ den Wert $R_1$ und mit der Wahrscheinlichkeit $(1 - a)$ den Wert $R_2$ annimmt. Aus (44) in Verbindung mit (46) folgt für den Nutzen dieser Verteilung:

(47) $\qquad U \ [A \ (x)] = aU \ [\varepsilon \ (x - R_1)] + (1 - a) \ U \ [\varepsilon \ (x - R_2)] =$
$$au(R_1) + (1 - a) \ u \ (R_2)$$

Analog zur Zweipunktverteilung läßt sich für eine beliebige Verteilung $F(x)$ ableiten:

(48) $$U \ [F \ (x)] = \int\limits_{-\infty}^{+\infty} u \ (x) \ dF \ (x)$$

Das ist das bekannte Bernoulliprinzip, wie es zuerst von Bernoulli als Hypothese aufgestellt und in neuerer Zeit durch von Neumann und Morgenstern aus wenigen plausiblen Axiomen abgeleitet worden ist.

Der Nutzen einer Risikosituation mit der Verteilung $F(x)$ ist nach dem Bernoulliprinzip das gewogene Mittel der Nutzen der einzelnen Beträge $x$ mit den dazugehörigen Wahrscheinlichkeiten als Gewichten. Das aber ist nichts anderes als der Erwartungswert des Nutzens. Er unterscheidet sich von dem effektiven Erwartungswert einer Verteilung nur dadurch, daß nicht mit den effektiven Beträgen $x$, sondern mit dem subjektiven Nutzen dieser Beträge $u(x)$ gerechnet wird. $u(x)$ wird im folgenden immer als Geldnutzenfunktion bezeichnet zum Unterschied zu den anderen Nutzenfunktionen, die mit Hilfe der Geldnutzenfunktion abgeleitet werden können.

Der spieltheoretische Begriff des Nutzens ist so definiert, daß der Begriff des Erwartungswertes auf ihn anwendbar ist[28]. Damit wird jeder beliebigen Verteilungsfunktion $F(x)$ eine Zahl zugeordnet, die einmal von der Verteilung selbst, zum anderen aber auch von der subjektiven Geldnutzenfunktion abhängig ist. Da wir für jede Risikosituation einen und nur einen Nutzen erhalten, wird es möglich, Risikosituationen miteinander zu vergleichen und die Zielsetzung eines VU rational, also als Maximumproblem, zu formulieren. Ein VU strebt die Risikosituation mit dem höchsten Nutzen an, es strebt nach Nutzenmaximierung. Da die Verteilung $F(x)$ alle Aspekte einer Risikosituation enthält, insbesondere Gewinnerwartung und Risiko, vereint der Nutzen Gewinnstreben und Sicherheitsstreben zu einem Unternehmensziel. Damit läßt sich das Unternehmensziel eines VU in einem wirklichkeitsnahen stochastischen Modell als Nutzenmaximierung definieren.

---

[28] *von Neumann* und *Morgenstern*, Spieltheorie, S. 28.

## IV. Entscheidungsspiele

Im folgenden soll anhand einiger einfacher Beispiele gezeigt werden, wie man aufgrund von Experimenten, sogenannten Entscheidungsspielen, zu numerischen Geldnutzenfunktionen $u(x)$ kommen kann. Die dabei benutzte Technik findet sich in verschiedenen einschlägigen Darstellungen[29].

Die Geldnutzenfunktion ist ein operationaler Ausdruck für die Risikobereitschaft des Befragten. Allerdings ist auch hier wieder eine kleine Einschränkung angebracht. Es ist nicht ausgeschlossen, daß sich der Befragte in empirischen Entscheidungssituationen anders verhält als bei Entscheidungsspielen, bei denen er kein wirkliches Risiko, sondern nur ein scheinbares eingeht. In solchen Fällen gibt die auf der Grundlage von Entscheidungsspielen ermittelte Geldnutzenfunktion die tatsächliche Risikobereitschaft des Befragten nicht richtig wieder.

Wir untersuchen drei verschiedene Verhaltensweisen, um die drei Grundtypen von Geldnutzenfunktionen herauszuarbeiten. Diese Verhaltensweisen sind Risikoindifferenz, Risikoaversion und Risikofreude. Man kann sie am besten am Beispiel der Glücksspiele erläutern.

Eine Person, die sich beim Vergleich zwischen Einsatz und Gewinnchance eines Spiels immer an der mathematischen Erwartung orientiert, bezeichnen wir als risikoindifferent. Eine solche Person wird an Spielen teilnehmen, bei denen die Gewinnchancen für alle Teilnehmer gleich groß sind und der Einsatz somit gleich dem Erwartungswert des Gewinnes ist. Dabei wollen wir den feinen Unterschied zwischen dem Einsatz für ein Spiel und dem Betrag, der den Gewinnchancen aus dem Spiel gleicherachtet wird (Sicherheitsäquivalent), vernachlässigen.

Es gibt aber auch Glücksspiele mit ungleichen Chancen für die einzelnen Teilnehmer. Das sind grundsätzlich alle Spiele, bei denen ein Bankhalter vorgesehen ist. Diese Spiele sind so konstruiert, daß der Einsatz der Spieler höher ist als der Erwartungswert des Gewinnes. Das führt dazu, daß der Bankhalter bessere Chancen hat als die Spieler, für ihn ist der Einsatz niedriger als der Erwartungswert des Gewinnes. Eine Person, die bei einem Spiel nur die Rolle des Bankhalters zu übernehmen bereit ist, bezeichnen wir als risikoscheu. Die Personen, die dem Bankhalter als Spieler gegenübertreten, sind demnach risikofreudig.

---

[29] *Greene*, Mark R.: Risk and Insurance, Cincinnati 1962, S. 37 ff.; *Friedman* und *Savage*: The utility analysis of choices involving risk, Journal of Political Economy 1948, S. 279 ff.; *Schlaifer*, Robert: Probability and statistics for business decisions, New York, Toronto, London 1959, S. 34 ff.

Die unterschiedlichen Chancen des Bankhalters und der Spieler sind allgemein bekannt. Deshalb wechselt die Person des Bankhalters, wenn solche Spiele im privaten Bereich veranstaltet werden, damit jeder Teilnehmer einmal die Bank übernehmen kann. Spielbanken sind für den Veranstalter deshalb gewinnbringend, weil er Bankhalter ist und bleibt. Da der Erwartungswert des Gewinnes seinen Einsatz übersteigt, wird er auf die Dauer und im Durchschnitt am Spiel verdienen. Das schließt schlechte Tage, an denen die Bank einmal oder mehrmals gesprengt wird, natürlich nicht aus.

Spieler und Bankhalter stehen sich in ihrem Risikoverhalten diametral gegenüber, was in einer unterschiedlichen Gestalt der Geldnutzenfunktion zum Ausdruck kommt. Auch bei den Unternehmern trifft man auf den risikofreudigen Spielertyp und den risikoscheuen Bankhaltertyp. Man kann sogar mit guten Gründen das Postulat aufstellen, daß in der Versicherungswirtschaft nur ein Bankhaltertyp als Unternehmer zugelassen werden darf.

## 1. Risikoindifferenz

Die Entscheidungsspiele, mit deren Hilfe wir die Geldnutzenfunktion ableiten wollen, sind sehr einfach. Sie bestehen darin, daß wir eine Person einen Geldbetrag oder Einsatz mit der Kombination zweier Gewinnmöglichkeiten aus einem Spiel vergleichen lassen. $E$ soll beispielsweise entscheiden, bei welcher Wahrscheinlichkeit $a$ er die Kombination zweier Gewinnmöglichkeiten von 100 DM und 500 DM einem sicheren Geldbetrag von 300 DM gleicherachtet:

(49)  $$u (300) = au (100) + (1 - a) u (500)$$

Hierbei unterstellen wir, daß $E$ risikoindifferent im vorstehend definierten Sinne ist, daß er sich also an der mathematischen Erwartung orientiert. Er wird schnell errechnet haben, daß der Erwartungswert der Alternative 100 DM oder 500 DM dann gleich 300 DM ist, wenn beide Gewinnmöglichkeiten eine Wahrscheinlichkeit von je 50% haben. Man erhält dann:

(50)  $$u (300) = 0,5 u (100) + 0,5 u (500)$$

Für $E$ ist also ein sicherer Geldbetrag von 300 DM gleichbedeutend mit einem Griff in eine Urne, in der sich ein Los mit einem Gewinn von 100 DM und ein weiteres Los mit einem Gewinn von 500 DM befinden.

Da wir bei der Nutzenmessung frei sind in der Wahl des Nullpunktes und der Maßeinheit, können wir folgende Annahmen treffen:

(51)  $$\begin{aligned} u (100) &= 0 \\ u (500) &= 1 \end{aligned}$$

Setzt man diese Werte in (50) ein, so ergibt sich:

(52)                    $u(300) = 0,5 \cdot 0 + 0,5 \cdot 1 = 0,5$

Damit sind die Nutzen der Geldbeträge von 100 DM, 300 DM und 500 DM gemessen, sie sind 0, 0,5 und 1. Das ist der beinahe triviale Kunstgriff, der zur kardinalen Nutzenmessung mit Hilfe der Wahrscheinlichkeit führt.

Mit $E$ wird jetzt ein weiteres Entscheidungsspiel durchgeführt. Wir fragen $E$ nach der Wahrscheinlichkeit, die Gewinnen von 100 DM und 900 DM zuzuordnen ist, damit sie einem sicheren Geldbetrag von 500 DM gleicherachtet werden:

(53)                    $u(500) = au(100) + (1 - a)\,u(900)$

Wiederum orientiert sich $E$ an der mathematischen Erwartung, und wiederum wird er leicht feststellen, daß der Erwartungswert der Alternative 100 DM oder 900 DM dann gleich 500 DM ist, wenn für $a$ der Wert 0,5 gewählt wird. Es gilt also:

(54)                    $u(500) = 0,5\,u(100) + 0,5\,u(900)$

Die Nutzen von 500 DM und von 100 DM wurden mit 1 und 0 angenommen. Aus (54) folgt demnach:

(55)                    $1 \quad = 0,5 \cdot 0 + 0,5\,u(900)$
                        $u(900) = 2$

Damit ist auch der Nutzen für den Betrag von 900 DM gemessen, er beträgt 2.

### 2. Risikoaversion

Die gleichen Experimente werden jetzt mit dem risikoscheuen $B$ wiederholt. $B$ weiß, daß die mathematische Erwartung ein fragwürdiges Maß für eine Risikosituation ist. Er setzt deshalb stets weniger. Beim ersten Experiment entscheidet er sich für einen Wert $a = 0,3$. Somit gilt:

(56)                    $u(300) = 0,3\,u(100) + 0,7\,u(500)$

Bildlich gesprochen bedeutet dies, daß $B$ bereit ist, für einen Griff in eine Urne, in der sich drei Lose mit 100 DM Gewinn und sieben Lose mit 500 DM Gewinn befinden, 300 DM zu setzen. Diese Einstellung zum Risiko ist konservativ, da die mathematische Erwartung eines solchen Spieles, wie leicht einzusehen ist, 380 DM beträgt.

Setzen wir die Nutzen der Beträge von 100 DM und 500 DM wiederum gleich 0 und 1, so ergibt sich:

(57)                    $u(300) = 0,3 \cdot 0 + 0,7 \cdot 1 = 0,7$

Damit sind die Nutzen von 100 DM, 300 DM und 500 DM für $B$ bestimmt. Sie betragen 0, 0,7 und 1.

Beim zweiten Experiment, das einen sicheren Betrag von 500 DM einer Alternative von 100 DM und 900 DM gegenüberstellt, entscheidet sich $B$ für einen Wert $a = 0,2$. Es gilt:

(58) $$u\,(500) = 0,2\,u\,(100) + 0,8\,u\,(900)$$

Obwohl die mathematische Erwartung dieses Spiels 740 DM beträgt, will $B$ nur 500 DM setzen. Es handelt sich um höhere Beträge als im vorigen Spiel, er ist noch vorsichtiger geworden. Die Nutzen von 500 DM und 100 DM sind mit 1 und 0 angenommen. Aus (58) folgt demnach:

(59)
$$1 = 0,2 \cdot 0 + 0,8\,u\,(900)$$
$$u\,(900) = 1,25$$

Damit ist auch der Nutzen des Betrages von 900 DM für den risikoscheuen $B$ gewonnen.

### 3. Risikofreude

Das Verhalten des risikoscheuen $B$ ist dadurch gekennzeichnet, daß er immer weniger als den Erwartungswert eines Spieles setzt. Aus diesem Grund wird $B$ niemals als Spieler, sondern immer nur als Bankhalter in einem Spiel auftreten. $B$ wird auch nicht an einer öffentlichen Lotterie teilnehmen. Bei jeder Lotterie wird weniger ausgeschüttet als eingenommen, man denke nur an die Verwaltungskosten und an die Lotteriesteuer, die aus den Einsätzen bestritten werden müssen. Infolgedessen ist die mathematische Gewinnerwartung eines Lotteriespieles immer niedriger als der Einsatz. Trotzdem spielen viele Leute mit einer ausgesprochen vorsichtigen Einstellung zum Risiko Lotto. Diesem scheinbaren Widerspruch werden wir uns an späterer Stelle noch kurz zuwenden.

Im folgenden sollen die beiden nun schon bekannten Experimente mit dem risikofreudigen $S$ wiederholt werden, der sich dadurch auszeichnet, daß er an Spielen teilnimmt, deren Einsatz höher ist als der Erwartungswert des Gewinnes. Vielleicht erhält man für das erste Experiment folgendes Ergebnis:

(60) $$u\,(300) = 0,7\,u\,(100) + 0,3\,u\,(500)$$

Obwohl die mathematische Erwartung dieses Spieles nur 220 DM beträgt, ist $S$ bereit, 300 DM zu setzen. Wir setzen $u(100)$ wieder gleich 0, $u(500)$ gleich 1 und erhalten:

(61) $$u\,(300) = 0,7 \cdot 0 + 0,3 \cdot 1 = 0,3$$

Bei dem anderen Spiel entscheidet sich $S$ möglicherweise wiederum für einen Wert $a = 0,7$:

(62) $$u\,(500) = 0,7\,u\,(100) + 0,3\,u\,(900)$$

Hieraus folgt:

(63)
$$\frac{1}{u\,(900)} = 0{,}7 \cdot 0 + 0{,}3\,u\,(900)$$
$$u\,(900) = 3^{1}/_{3}$$

Damit sind die Nutzen der Beträge von 100 DM, 300 DM, 500 DM und 900 DM mit 0, 0,3, 1 und $3^{1}/_{3}$ auch für den risikofreudigen $S$ gemessen.

## V. Geldnutzenfunktion

Die vorangegangenen Ausführungen werden noch deutlicher, wenn man die Ergebnisse graphisch in Form dreier Geldnutzenfunktionen darstellt. Vorher wollen wir jedoch die Ergebnisse der Experimente in einer Tabelle zusammenstellen.

|                        | $u\,(100)$ | $u\,(300)$ | $u\,(500)$ | $u\,(900)$ |
|------------------------|------------|------------|------------|------------|
| Risikoindifferenz (E)  | 0          | 0,5        | 1          | 2          |
| Risikoaversion (B)     | 0          | 0,7        | 1          | 1,25       |
| Risikofreude (S)       | 0          | 0,3        | 1          | $3^{1}/_{3}$ |

Aus dieser Tabelle ist im übrigen unmittelbar ersichtlich, daß der Nutzen nicht additiv ist. Die Summe der Nutzen der Beträge von 100 DM, 300 DM und 500 DM ergibt in keinem Fall den Nutzen des Betrages von 900 DM.

### 1. Konkave, konvexe und lineare Funktionen

Trägt man die gefundenen Werte in ein Koordinatensystem ein und verbindet sie durch Kurven, so ergibt sich folgendes Bild:

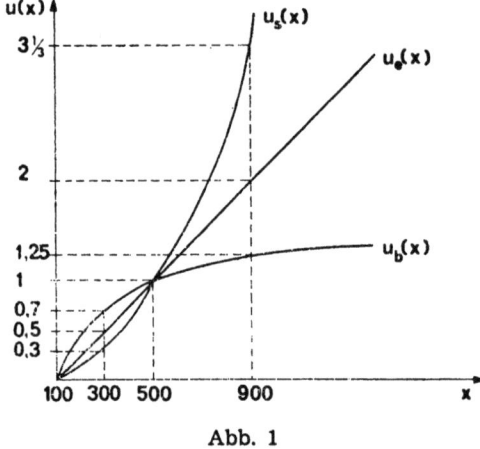

Abb. 1

Aus Abb. 1 ist deutlich erkennbar, daß sich die risikoscheue Einstellung des $B$ in einer konkaven Geldnutzenfunktion $u_b(x)$ und die risikofreudige Einstellung des $S$ in einer konvexen Geldnutzenfunktion $u_s(x)$ niederschlägt, während sich bei Risikoindifferenz eine lineare Geldnutzenfunktion $u_e(x)$ ergibt.

Bei einer konkaven Geldnutzenfunktion ist jede hinzukommende Geldeinheit mit einem geringeren Nutzenzuwachs verbunden als die vorherige. Diese Erscheinung ist als Gesetz vom abnehmenden Grenznutzen wohlbekannt. Bei einer linearen Funktion steigt der Geldnutzen dagegen proportional, bei einer konvexen Funktion sogar überproportional an.

Personen mit konkaver Geldnutzenfunktion bewerten also einen kleinen Gewinn relativ höher als einen großen, ein kleiner Verlust wird dagegen relativ geringer als ein hoher eingeschätzt. Bei konvexen Nutzenfunktionen ist die Situation umgekehrt. Personen mit linearer Nutzenfunktion folgen in ihrer Nutzenschätzung stets den effektiven Beträgen, bei Gewinnen nimmt der Nutzen proportional zu, bei Verlusten proportional ab.

Wir sind jetzt in der Lage, Überlegungen darüber anzustellen, welche Gestalt die Nutzenfunktion einer Versicherungsgesellschaft hat. Dabei soll die Tatsache, daß Versicherungsgesellschaften Rückversicherungsverträge abschließen, als Ausgangspunkt dienen. Bekanntlich ist der Erwartungswert der Leistungen des Rückversicherers grundsätzlich niedriger als die Rückversicherungsprämie. Es erscheint also durchaus nicht als selbstverständlich, daß überhaupt Rückversicherungen abgeschlossen werden.

Ein Rückversicherungsvertrag verwandelt hohe ungewisse Verlustmöglichkeiten in einen kleinen sicheren Verlust, die Rückversicherungsprämie. Dabei ist die Prämie höher als die mit den zugehörigen Wahrscheinlichkeiten gewogenen Verlustmöglichkeiten. Nur eine Person, die kleine Verluste relativ niedriger bewertet als hohe, kann eine solche Vereinbarung als vorteilhaft empfinden, wobei unterstellt wird, daß die Risikosituation nach dem Bernoulliprinzip bewertet wird. Nur ein Unternehmen mit einer konkaven Geldnutzenfunktion wird also Rückversicherungsverträge abschließen. Da sich aber grundsätzlich alle VU rückversichern, darf man davon ausgehen, daß auch alle diese VU eine konkave Geldnutzenfunktion haben.

Gegeben sei ein VU mit einer Gewinnverteilung $G_1(y)$. Durch den Abschluß eines Rückversicherungsvertrages verwandelt das VU diese Verteilung in $G_2(y)$, die durch eine niedrigere Gewinnerwartung, aber auch durch eine geringere Streuung gekennzeichnet ist. Der Verzicht auf einen Teil der Gewinnerwartung ist der Preis für die Minderung des Risikos. Obwohl also der Erwartungswert $E_1(Y)$ der Verteilung

$G_1(y)$ größer ist als der Erwartungswert $E_2(Y)$ der Verteilung $G_2(y)$, wird die Verteilung $G_2(y)$ der Verteilung $G_1(y)$ vorgezogen, denn sonst hätte das VU den Rückversicherungsvertrag nicht abgeschlossen. Es gilt also:

(64)                    $$U [G_2 (y)] > U [G_1 (y)]$$

unter der Nebenbedingung

(65)                    $$E_2 (Y) < E_1 (Y)$$

(64) kann in Verbindung mit (65) nur erfüllt sein, wenn eine konkave Geldnutzenfunktion vorliegt.

Rückversicherungen werden also nur abgeschlossen, wenn das betreffende Erstversicherungsunternehmen von Personen mit Risikoaversion geleitet wird. Betrachtet man den Abschluß von Rückversicherungsverträgen als Bestandteil einer ordentlichen Geschäftspolitik von VU, so darf man als Unternehmer in der Versicherungswirtschaft nur den Bankhaltertyp zulassen. Der Spielertyp und der risikoindifferente Typ würden keine Rückversicherungen abschließen und damit die Gefahr eines Zusammenbruches des VU heraufbeschwören.

Es ist offensichtlich, daß die Frage, weshalb überhaupt Versicherungen abgeschlossen werden, leicht mit dem Vorliegen einer konkaven Geldnutzenfunktion beantwortet werden kann. Jede Versicherungsnahme verwandelt hohe ungewisse Verlustmöglichkeiten in einen kleinen sicheren Verlust, die Prämie. Jede Versicherungsprämie, die nach dem Äquivalenzprinzip kalkuliert ist, ist aber um einen Zuschlag für Kosten und Gewinn höher als der Erwartungswert der Leistungen des Versicherers. Die vorstehenden Ausführungen gelten also nicht nur für die Rückversicherung, sondern für jede Versicherungsnahme überhaupt, und man darf deshalb bei allen VN auf eine konkave Geldnutzenfunktion schließen.

Da jeder Versicherungsabschluß die Gewinnerwartung mindert, ist im übrigen auch, wie Borch[30] hervorhebt, die Ansicht widerlegt, Wirtschaftsunternehmen würden nach der Maximierung der Gewinnerwartung streben. Wäre dies der Fall, so würde kein Unternehmen freiwillig eine Versicherung abschließen.

Die jeweilige Risikobereitschaft ist nicht nur von der Gestalt der Geldnutzenfunktion, sondern auch von dem vorhandenen Kapital abhängig. Unterstellt man eine konkave Geldnutzenfunktion, so führen Gewinne oder Verluste bei einem niedrigen Ausgangskapital zu größeren Nutzenzuwächsen oder- einbußen als bei einem hohen. Insbesondere läßt sich zeigen, daß es risikobehaftete Geschäfte gibt, die ein Unter-

---

[30] *Borch*, Karl: Recent developments in economic theory and their application to insurance, The Astin Bulletin, Band II, S. 328.

nehmer mit konkaver Geldnutzenfunktion bei geringer Kapitalausstattung ablehnen, bei hoher Kapitalausstattung jedoch annehmen
würde. Schon Bernoulli war bekannt, daß die Risikobereitschaft bei
konkaver Geldnutzenfunktion mit steigendem Kapital zunimmt. In
einem Modellbeispiel[31] berechnet er das Vermögen, daß ein Kaufmann
mindestens besitzen muß, um auf eine bestimmte Seeversicherung ver-
zichten zu können. Auf VU übertragen, gilt das gleiche für die Rückversicherung. Mit zunehmender Kapitalausstattung nimmt die Neigung
zur Rückversicherung ab.

Es wurde bereits kurz auf den scheinbaren Widerspruch hingewiesen,
der darin liegt, daß viele Leute einerseits Versicherungen abschließen,
andererseits aber an Lotteriespielen teilnehmen. Im Falle der Versicherung ist die Prämie höher als der Erwartungswert der Leistungen
des Versicherers. Bei der Lotterie ist der Einsatz höher als der Erwartungswert des Gewinnes. Personen mit konkaver Geldnutzenfunktion bewerten große Verluste relativ höher als kleine, deshalb schließen sie Versicherungen ab. Umgekehrt schätzen sie aber hohe Gewinne
relativ niedriger ein als kleine, deshalb dürften sie eigentlich an keinem
Lotteriespiel teilnehmen, das damit Personen mit konvexer Geldnutzenfunktion vorbehalten bliebe, die aber wiederum keine Versicherungen abschlössen.

Dieses widersprüchliche Verhalten läßt sich in mehrfacher Weise erklären. Zunächst könnte man annehmen, daß die Wirtschaftssubjekte
über die Zusammenhänge nicht hinreichend informiert sind und daß
dieses Verhalten einfach auf einen Irrtum zurückzuführen ist. Eine
solche Erklärung wäre offensichtlich unbefriedigend. In Wahrheit
handelt es sich hier um ein sehr schwieriges Problem der Nutzentheorie, auf das schon von Neumann und Morgenstern[32] hingewiesen
haben.

Eine Lösung des Problems liegt darin, daß ein Spiel über den Nutzen
der Gewinnerwartung hinaus mit einem weiteren Nutzen, nämlich der
Freude am Spiel (fun of gambling), verbunden ist[33]. Wer an einem
Spiel teilnimmt, kauft mit seinem Einsatz nicht nur die Gewinnerwartung, er kauft auch Spannung, Nervenkitzel und Luftschlösser, so
daß der Gesamtnutzen des Spiels trotz konkaver Geldnutzenfunktion
höher eingeschätzt wird als der Nutzen des Einsatzes, zumal es sich
hierbei in der Regel um kleine Beträge handelt. Die Freude am Spiel
muß durch die geeignete Wahl der Axiome aus der Nutzentheorie ausgeschaltet werden. Ein spezieller Nutzen des Glücksspiels kann auf

---

[31] *Bernoulli*, Wertbestimmung, S. 43.
[32] *von Neumann* und *Morgenstern*, Spieltheorie, S. 27 f.
[33] Vgl. hierzu auch *Markowitz*, Portfolio selection, S. 225 ff.

dieser Ebene nicht widerspruchsfrei definiert werden[34]. Wir sind uns
im klaren darüber, daß hierin eine weitere einschränkende Prämisse
für den Unternehmensbereich besteht, denn es gibt sicherlich auch eine
spezielle Freude an einem risikobehafteten Geschäft.

Die zweite Lösungsmöglichkeit liegt in der Annahme einer teils konkaven, teils konvexen Geldnutzenfunktion[35]. Dabei wird unterstellt,
daß die Entscheidungssubjekte bei bestimmten Beträgen eine deutliche
Risikofreude, bei anderen Beträgen aber eine ebenso bedeutende Risikoaversion zeigen. Im Grunde ist dies aber keine Erklärung, sondern
lediglich die Formalisierung eines vorgegebenen widersprüchlichen
Verhaltens.

### 2. Empirische und modelltheoretische Funktionen

Im zweiten Kapitel wurde darauf hingewiesen, daß man Wahrscheinlichkeitsverteilungen auf zweifache Weise gewinnen kann, nämlich
durch analytische Ausgleichung empirischer Häufigkeitsverteilungen
und durch den Vergleich modelltheoretischer Verteilungen mit den
Erscheinungen der Wirklichkeit. Für die Nutzentheorie gilt das gleiche.
Man kann versuchen, den Nutzen experimentell zu messen. Solche
Experimente sind durchgeführt worden[36]. Es ist aber auch möglich,
modelltheoretische Geldnutzenfunktionen auf ihre Plausibilität hin
zu untersuchen. Dieser zweite Weg ist in der Nutzentheorie sozusagen
der klassische, da er schon von Bernoulli beschritten wurde, der von der
hypothetischen Funktion

$$(66) \qquad\qquad u(x) = \log x$$

ausging[37]. Neuerdings haben Borch und Wolff eine Reihe von Nutzenfunktionen geprüft. Bemerkenswert ist, daß von beiden Autoren nur
konkave Funktionen als empirisch relevant angesehen werden. Auch
die von Bernoulli aufgestellte Nutzenfunktion ist konkav, sie hat jedoch
den großen Nachteil, daß sie für negative $x$ keine endlichen Werte liefert.

Am einfachsten wäre es zweifellos, wenn man von einer linearen
Geldnutzenfunktion ausgehen könnte:

$$(67) \qquad\qquad u(x) = ax + b$$

Eine solche Geldnutzenfunktion würde zu einer Maximierung der
Gewinnerwartung als Unternehmensziel führen. Es wurde gezeigt, daß
diese Annahme unrealistisch ist.

---

[34] *von Neumann* und *Morgenstern*, Spieltheorie, S. 28.
[35] Vgl. *Schneeweiß*, Entscheidungskriterien, S. 66 f.; *Markowitz*, Portfolio
selection, S. 218.
[36] Vgl. z. B. *Mosteller* und *Nogee:* An experimental measurement of utility, Journal of Political Economy 1951, S. 371 ff.
[37] *Bernoulli*, Wertbestimmung, S. 33 ff.

Wolff[38] schlägt die Funktion

(68) $$u(x) = A - e^{-ax}$$

vor, die dem Gesetz vom abnehmenden Grenznutzen gut entspricht. Diese Funktion führt aber, wie Wolff zugibt, zu mathematisch schwierig zu bewältigenden Formeln.

Die zweckmäßigste modelltheoretische Geldnutzenfunktion scheint der von Borch[39] vorgeschlagene Ausdruck:

(69) $$u(x) = -x^2 + bx$$

zu sein. Aber auch diese Funktion hat einen Nachteil. Sie ist nämlich für $x > \dfrac{b}{2}$ mit steigendem $x$ fallend. Wenn man nicht bereit ist anzunehmen, daß der Nutzen mit steigendem Geldbetrag absolut abnehmen kann, darf man $x$ nur für Werte $< \dfrac{b}{2}$ betrachten[40].

Es ist eine offene Frage, welcher der beiden Wege, Geldnutzenfunktionen aufzustellen, für die praktische Anwendung geeigneter ist. Vieles spricht dafür, daß man mit Hilfe modelltheoretischer Geldnutzenfunktionen bei geschickter Wahl der Konstanten zu durchaus praktikablen Ergebnissen kommen kann. Damit würden jedenfalls alle Schwierigkeiten umgangen, die mit der empirischen Nutzenmessung verbunden sind.

## VI. Interpersoneller Nutzenvergleich

Die vorstehenden Ausführungen, insbesondere die graphische Darstellung in Abb. 1, könnten den Eindruck erwecken, die von verschiedenen Personen vorgenommenen Nutzenschätzungen ließen sich numerisch vergleichen. Es muß deshalb deutlich herausgestellt werden, daß ein interpersoneller Nutzenvergleich nur insoweit möglich ist, als die unterschiedliche Gestalt der Geldnutzenfunktionen (konkav, konvex und linear) Rückschlüsse auf das allgemeine Risikoverhalten zuläßt. Dagegen ist es nicht möglich festzustellen, ob der Nutzen von 100 DM für die Person $A$ gleich dem Nutzen von 100 DM für die Person $B$ ist, ob höher oder niedriger. Hierüber herrscht völlige Einigkeit unter den Theoretikern[41].

Die einzelnen Nutzenfunktionen sind, wie gezeigt wurde, nur eindeutig bis auf die Wahl des Nullpunktes und der Maßeinheit. Wir ha-

---

[38] *Wolff*, Unternehmensforschung, S. 168; derselbe, Methoden, S. 162.

[39] Vgl. *Borch*, two-person co-operative game, S. 41.

[40] *Borch*, two-person co-operative game, S. 42; *Wolff*, Unternehmensforschung, S. 169.

[41] *Streißler*, Nutzen, S. 9.

ben bei unseren Experimenten die Nutzen der Beträge von 100 DM und
500 DM für jeden Teilnehmer willkürlich mit 0 und 1 festgelegt. Es
stünde aber nichts im Wege, etwa für S den Nutzen von 200 DM mit
0 und den Nutzen von 400 DM mit 1 zu bezeichnen. Dadurch würde sich
nichts an der konvexen Gestalt der Geldnutzenfunktion ändern, es
wäre aber keine numerische Übereinstimmung der Nutzen von
100 DM und 500 DM unter den drei Teilnehmern mehr gegeben.

Luce und Raiffa[42] bringen folgendes Beispiel: A und B leben entfernt voneinander und verfügen beide über einen eigenen Maßstab zur
Längenmessung, wobei A der Maßstab von B unbekannt ist und umgekehrt. Wenn A und B aber irgendein „outside thing" heranziehen, dessen Länge beide kennen, etwa die Spanne einer Hand, so ist es ihnen
ein leichtes, ihre beiden Maßstäbe miteinander zu vergleichen. Für den
Nutzen gibt es aber kein solches „outside thing", wie leicht einzusehen
ist. Das Problem des interpersonellen Nutzenvergleiches wird deshalb
als die „Achillesferse der Nutzentheorie"[43] bezeichnet.

## VII. Das Nutzenkonzept als Tautologie

In der Literatur wird gelegentlich auf den tautologischen Charakter
der modernen Nutzentheorie hingewiesen[44]. Dabei hat man den Eindruck, daß diese Feststellung abwertend gemeint ist.

Tautologie ist ein Begriff der Logik. Er bezeichnet einen Satz, der
logisch wahr und unwiderlegbar ist, aber keine Information enthält:
Das Einkommen der Bürger ist hoch, mittelmäßig oder niedrig. Wenn
man solche Sätze betrachtet, kann tatsächlich der Eindruck entstehen,
tautologische Aussagen seien zu nichts nütze.

Man muß sich allerdings darüber im klaren sein, daß in der Mathematik laufend tautologische Umformungen vorgenommen werden. Jeder mathematische Satz ist logisch wahr und unwiderlegbar. Er enthält
jedoch keine Information, die nicht schon in den Annahmen enthalten
wäre, aus denen er abgeleitet wurde. Trotzdem kann man die Mathematik gerade in den Naturwissenschaften, die grundsätzlich keinen
tautologischen Charakter haben, mit Erfolg anwenden. Die Feststellung, daß eine Aussage tautologisch ist, enthält also bei objektiver
Betrachtung noch kein Werturteil.

Die Nutzentheorie beruht auf Axiomen, in denen davon ausgegangen
wird, daß sich die Wirtschaftssubjekte in bestimmter Weise verhalten.

---

[42] *Luce* und *Raiffa*, games and decisions, S. 33 f.
[43] *Luce* und *Raiffa*, games and decisions, S. 34.
[44] Vgl. z. B. *Albach*, Wirtschaftlichkeitsrechnung, S. 180; *Heinen*, Zielfunktion, S. 45.

Wenn ein Individuum zwischen verschiedenen zukünftigen Ereignissen zu wählen hat, so kann es nach dem Vergleichbarkeits- und dem Transitivitätsaxiom eine Rangfolge unter den Ereignissen aufstellen. Nach dem Verknüpfungsaxiom ist es in der Lage, den einzelnen Ereignissen numerische Indizes zuzuordnen, die den Grad der subjektiven Präferenz ausdrücken. Diese Indizes nennen wir Nutzen. Selbstverständlich wird das Individuum dem von ihm am meisten bevorzugten Ereignis den höchsten Index zuordnen. Wir können also feststellen, daß das Individuum das Ereignis mit dem höchsten Nutzen wählt oder daß es den Nutzen maximiert. Dieser Satz ist logisch wahr und unwiderlegbar. Er enthält aber keine Information, die nicht schon in den Axiomen enthalten wäre. Insofern ist er tautologisch.

Obwohl das Nutzenkonzept tautologisch ist, ist es nicht wertlos. Es ist vielmehr eine sehr nützliche Tautologie. Empirisch relevante Entscheidungssituationen sind zu kompliziert, um unmittelbar übersehen werden zu können. Der Unternehmer kann nicht auf einen Blick erkennen, ob die Verteilung $G_1(y)$ besser ist als die Verteilung $G_2(y)$, außer in trivialen Fällen. Mit Hilfe der Nutzentheorie sind wir aber in der Lage, die Risikobereitschaft des Unternehmers auf der Grundlage solcher trivialer Fälle zu formalisieren, wodurch wir die Geldnutzenfunktion erhalten. Diese wiederum dient dazu, komplizierte Entscheidungsprobleme einer Lösung zuzuführen, die in Übereinstimmung mit der subjektiven Präferenzstruktur des Unternehmers steht. Das tautologische Nutzenkonzept macht also das Risikoverhalten des Unternehmers erst operational. Es liefert einen formalen Ausdruck für diese Risikobereitschaft, mit dem sich auch komplizierte Probleme bewältigen lassen. Auf diese Weise wird das Fingerspitzengefühl des Unternehmers rationalisiert. An die Stelle fallweiser, sich oft widersprechender Entscheidungen tritt eine genau definierte widerspruchsfreie Unternehmenspolitik.

## VIII. Die Bedeutung des Nutzens für
## die Versicherungswissenschaft

Ohne die Nutzentheorie oder ein ähnliches Konzept läßt sich weder zufriedenstellend erklären, weshalb ein VN beim Erstversicherer eine Versicherung abschließt, noch weshalb sich ein Erstversicherer bei einer anderen Gesellschaft rückversichert. Jede Versicherungsnahme verringert grundsätzlich die Gewinnerwartung, und es ist wohl nicht zu bestreiten, daß es einer Untersuchung wert ist, weshalb dennoch Versicherungen abgeschlossen werden.

Schon Bernoulli[45] hat dieses Phänomen mit Hilfe der Nutzentheorie erklärt. Später versuchte Barrois[46], das Nutzenkonzept auf Probleme der Feuerversicherung anzuwenden. Aber erst nach Entwicklung der Spieltheorie wurde die Bedeutung des Nutzens für die Versicherungswissenschaft voll erkannt.

Heute gibt es zahlreiche versicherungswissenschaftliche Abhandlungen auf der Grundlage der Nutzentheorie. Die erste moderne Untersuchung stammt von Nolfi[47]. Hieran anschließend haben die Mathematiker Wolff und vor allem Borch in unterschiedlicher Weise vom Nutzenkonzept Gebrauch gemacht. Trotzdem ist die Nutzentheorie an der deutschen wirtschaftswissenschaftlichen Literatur, soweit sie Versicherungsprobleme behandelt, beinahe spurlos vorübergegangen. Das ist um so unverständlicher, als sich sogar in relativ einfachen und grundlegenden amerikanischen Lehrbüchern über das Versicherungswesen[48] ein kurzer Abriß der Nutzentheorie findet.

Am intensivsten ist die Nutzentheorie bisher auf Probleme der Rückversicherung angewandt worden[49]. Eine Rückversicherung verwandelt die Gewinnverteilung $G_1(y)$ in eine neue Verteilung $G_2(y)$, und der Erstversicherer braucht ein Maß dafür, welche der beiden Verteilungen besser ist als die andere. Die Probleme komplizieren sich, wenn Rückversicherungen mit Reziprozität behandelt werden[50], und wenn die Untersuchung auf mehrere Gesellschaften[51] oder auf den gesamten Rückversicherungsmarkt[52] ausgedehnt wird.

Eine weitere Möglichkeit, die Gewinnverteilung zu ändern, besteht in der Bestandspolitik. Hierüber liegen, soweit ersichtlich, noch keine

---

[45] *Bernoulli*, Wertbestimmung, S. 43.

[46] *Barrois*, T.: Essai sur l'application du calcul des probabilités aux assurances contre l'incendie, Mémoires de la Société Royale des Sciences de l'Agriculture et des Arts de Lille 1834, S. 85 ff.

[47] *Nolfi*, P.: Zur mathematischen Darstellung des Nutzens in der Versicherung, Mitteilungen der Vereinigung schweizerischer Versicherungsmathematiker 1955, S. 395 ff.

[48] Vgl. z. B. *Greene*, Risk and insurance, S. 34 ff.; *Williams* und *Heins*: Risk management and insurance, New York, San Francisco, Toronto und London 1964, S. 9 f., 35 f., 48 f. und 63 ff.

[49] *Borch*, utility concept, S. 251 ff.; derselbe, The safety loading of reinsurance premiums, Skandinavisk Aktuarietidskrift 1960, S. 163 ff.; derselbe, stop loss reinsurance, S. 597 ff.; *Wolff*, Unternehmensforschung, S. 164 ff.; derselbe, Der Begriff des Nutzens in der Versicherungsmathematik, Unternehmensforschung 1964, S. 195 ff.

[50] *Borch*, reinsurance treaties; derselbe, two-person co-operative game.

[51] *Wolff*, Methoden, S. 172 ff. und 201 ff.

[52] *Borch*, recent developments, S. 335 ff.; derselbe, Theorie der Versicherung; derselbe, Versicherung und Spieltheorie, in: Gegenwartsfragen der Versicherung (Beiträge zur Forschung und Praxis), Versicherungsstudien, Heft 5/6, Berlin 1962, S. 31 ff.

Untersuchungen unter Berücksichtigung der modernen Nutzentheorie vor, obwohl Borch[53] auf das Problem hinweist. Insoweit soll diese Arbeit eine gewisse Lücke schließen. Die rein mathematischen Fragen sind damit aber natürlich nicht gelöst.

Der Nutzen ist ferner, wie gezeigt wurde, ein unumgängliches Hilfsmittel, um die Zielsetzung eines VU rational zu formulieren[54]. Das ist wohl das fundamentalste Anwendungsbeispiel im Bereich der Versicherung überhaupt.

Ferner kann der Nutzen beim Aufbau einer allgemeinen Theorie der Versicherung von Wert sein[55]. Dabei wird die Versicherung als ein Spiel aufgefaßt, das zahlreiche Spieler gegen die feindliche Natur spielen. Der Gedanke des Spieles gegen die Natur geht auf Wald[56] zurück. Er hat sich als sehr wertvoll für die Verbindung zwischen Spieltheorie und moderner statistischer Theorie erwiesen. In diesem Zusammenhang ist auch auf Probleme der Tarifgestaltung in der Versicherung hinzuweisen, die ebenfalls mit Hilfe der Spieltheorie unter Verwendung des Nutzenbegriffes untersucht werden können[57].

In früheren Veröffentlichungen wurde das Nutzenkonzept immer auf statischer Basis behandelt. Auch diese Untersuchung mündet in eine statische Zielfunktion. In neuerer Zeit sind jedoch einige Abhandlungen erschienen, in denen insbesondere die Rückversicherungspolitik unter dynamischem Aspekt untersucht wird[58]. Dabei sieht man das Versicherungsgeschäft wie in der kollektiven Risikotheorie als stochastischen Prozeß an. Bei dieser Betrachtungsweise müssen neben dem Zins vor allem die Ruinwahrscheinlichkeit und die Dividendenpolitik Berücksichtigung finden. Auf diese neuere Entwicklung der Versicherungsmathematik wird an späterer Stelle noch kurz eingegangen.

---

[53] *Borch*, recent developments, S. 330 ff.

[54] Vgl. vor allem *Borch*, objectives.

[55] *Borch*, recent developments, S. 339 ff.; *Bierlein*, Dietrich: Spieltheoretische Modelle für Entscheidungssituationen des Versicherers, Blätter der Deutschen Gesellschaft für Versicherungsmathematik, Band III, Heft 1—4, 1956—1958, S. 461 ff.

[56] *Wald*, Abraham: Statistical decision functions, New York 1950, S. 26 ff.

[57] *Borch*, recent developments, S. 334 f.; derselbe, Application of game theory to some problems in automobile insurance, The Astin Bulletin, Band II, S. 208 ff.

[58] *Borch*, Karl: Reformulation of some problems in the theory of risk, Sonderdruck aus: Proceedings of the casualty of actuarial society, Band XLIX; derselbe, Control of a portfolio of insurance contracts, The Astin Bulletin, Band IV, S. 51 ff.; *Wolff*, Methoden, S. 214 ff.; derselbe, Collective theory of risk and utility functions, The Astin Bulletin, Band IV, S. 6 ff.

# G. Die Kosten der Versicherungsproduktion

Das institutionelle Ziel eines erwerbswirtschaftlichen VU besteht in der Gewinnmaximierung. Unter Gewinn verstehen wir in unserer kalkulatorischen Planungsrechnung die Differenz zwischen Kosten und Erlösen. Der optimale Versicherungsbestand ist also von zwei Einflußgrößen abhängig, nämlich von den Kosten und den Erlösen, die in Abhängigkeit von der Bestandsgröße und -zusammensetzung darzustellen sind. Auf diese Weise wird ein eindeutiger Zusammenhang zwischen Unternehmensziel und Versicherungsbestand erreicht.

Die wesentliche Schwierigkeit besteht darin, daß die Schadenkosten in der Versicherung einem arteigenen Risiko unterliegen, das nicht vernachlässigt werden darf, ohne die Aussagefähigkeit des Modells wesentlich zu beeinträchtigen. Damit kommt das Risiko als dritte Einflußgröße hinzu. Durch die Einbeziehung des Risikos wird es erforderlich, das Unternehmensziel als Nutzenmaximierung zu definieren. Ferner folgt hieraus, daß der Zusammenhang zwischen Versicherungsbestand und Kosten nicht in einem deterministischen, sondern in einem stochastischen Modell zu formulieren ist.

Die traditionelle Produktions- und Kostentheorie beruht auf einem deterministischen Modell, dem die Prämisse vollkommener Voraussicht zugrunde liegt. Eine wirklichkeitsnahe Kostentheorie der Versicherung kann also nur zum Teil auf der Grundlage der traditionellen Theorie aufgebaut werden. Um die Schwierigkeiten zu zerlegen, werden wir zunächst den traditionellen Lösungsansatz auf die Kosten der Versicherungsproduktion anwenden. Erst wenn die Gesamtkostenfunktion im deterministischen Modell aufgestellt ist, werden wir die Prämisse vollkommener Voraussicht aufgeben und das Risiko in die Betrachtung einbeziehen. Es wird sich zeigen, daß die Kostenfunktion im wirklichkeitsnahen stochastischen Modell durch eine Nutzenfunktion ersetzt werden muß.

## I. Die Kosten im deterministischen Modell

Grundlage der Kostentheorie ist die Produktionstheorie, die im wesentlichen zwei Aufgaben hat[1]. Einmal soll sie den Produktions-

---

[1] *Gutenberg*, Produktion, S. 2 f. und 286.

prozeß auf seine Grundelemente, die sogenannten Produktionsfaktoren, zurückführen. Zum anderen soll untersucht werden, wie sich die Kombination der produktiven Faktoren im Betrieb vollzieht. Erst wenn diese Fragen für den Versicherungsbetrieb geklärt sind, kann man sich den Kosten der Versicherungsproduktion zuwenden, denn Kosten sind nichts anderes als mit ihren Preisen bewertete Faktoreinsatzmengen[2].

### 1. Produktionstheoretische Grundlagen

Alle Betriebe stellen Güter für die menschliche Bedürfnisbefriedigung her, ein Vorgang, den man als Produktion bezeichnet. Das von Versicherungsbetrieben produzierte Gut ist der Versicherungsschutz. Es ist heute herrschende Meinung, daß die Leistung des Versicherers im Schutzversprechen, in der Gefahrtragung besteht[3]. Andernfalls erhielten die nicht vom Schadensfall betroffenen VN kein Äquivalent für ihre Prämie.

Wie alle Dienstleistungen kann man Versicherungen nicht auf Lager produzieren. Deshalb ist es unmöglich, Versicherungsschutz für einen Vertrag zu erzeugen, der noch nicht abgesetzt ist. Der Absatz ist unbedingte Voraussetzung für die Versicherungsproduktion und von dieser nicht zu trennen. Es sei nochmals an den engen Zusammenhang zwischen Produktions- und Absatzprogramm erinnert. Aus diesem Grund rechnen wir zur Produktion auch die Absatzmaßnahmen mit Ausnahme derjenigen, die darauf abzielen, die Marktverhältnisse zu ändern[4]. Solche Maßnahmen bezeichnet man als aktive Verkaufspolitik, die anfallenden aktiven Verkaufskosten dienen dazu, Präferenzen aufzubauen. Die aktive Verkaufspolitik fällt nicht mehr in den Rahmen dieser Untersuchung, die gegebene Marktverhältnisse voraussetzt.

---

[2] *Gutenberg*, Produktion, S. 326; *Schneider*, Erich: Einführung in die Wirtschaftstheorie, Band II, 6. Auflage, Tübingen 1955, S. 96; *Kilger*, Wolfgang: Produktions- und Kostentheorie, Wiesbaden 1958, S. 17; *Heinen*, Edmund: Die Kosten, ihr Begriff und ihr Wesen, Saarbrücken 1956, S. 27; *Lohmann*, Martin: Einführung in die Betriebswirtschaftslehre, 3. Auflage, Tübingen 1959, S. 29; *Laßmann*, Gert: Die Produktionsfunktion und ihre Bedeutung für die betriebwirtschaftliche Kostentheorie, Köln und Opladen 1958, S. 37 f.; Über die Auseinandersetzung um den Kostenbegriff informiert im übrigen: *Thielmann*, Kurt: Der Kostenbegriff in der Betriebswirtschaftslehre, Berlin 1964.

[3] *Farny*, Produktions- und Kostentheorie, S. 7 f.; *Steinlin*, Peter: Das Versicherungswesen in der Schweiz, Band 1, Zürich und St. Gallen 1961, S. 211; *Möller*, Hans: Moderne Theorien zum Begriff der Versicherung und des Versicherungsvertrages, Zeitschrift für die gesamte Versicherungswissenschaft 1962, S. 281 f. mit weiteren Literaturnachweisen.

[4] *Farny*, Produktions- und Kostentheorie, S. 57 ff.

### a) Produktionsfaktoren im Versicherungsbetrieb

Die Produktion wird von der modernen Betriebswirtschaftslehre als ein Kombinationsprozeß angesehen[5]. Ein Betrieb setzt bestimmte Güter, wie Arbeitskraft, Maschinen und Werkstoffe ein, die als Produktionsfaktoren bezeichnet werden. Die Produktionsfaktoren werden in bestimmter Weise kombiniert mit dem Ziel, andere konsumnähere Güter herzustellen.

Genaugenommen gibt es so viele Produktionsfaktoren wie Güterarten[6], die in den Produktionsprozeß eingehen. Aus theoretischen Gründen ist es zweckmäßig, die Produktionsfaktoren zu systematisieren und zu Gruppen zusammenzufassen. Eine solche Einteilung geschieht immer im Hinblick auf den gewünschten Zweck. Die volkswirtschaftliche und betriebswirtschaftliche Betrachtungsweise sind beispielsweise so verschieden, daß Gutenberg[7] sich außerstande sah, die volkswirtschaftlichen Produktionsfaktoren Arbeit, Boden und Kapital für die betriebswirtschaftliche Analyse zu übernehmen. Er unterscheidet objektbezogene Arbeit, Betriebsmittel und Werkstoffe als Elementarfaktoren sowie die Geschäfts- und Betriebsleitung als dispositiven Faktor, dessen Aufgabe es ist, die Kombination der Elementarfaktoren zu steuern.

Farny[8], der die erste und bisher einzige in sich geschlossene Produktions- und Kostentheorie der Versicherung entwickelt hat, benötigt hierfür wiederum ein anderes Faktorsystem. Man konnte nicht erwarten, daß Gutenbergs Faktorsystem, das in erster Linie auf Industriebetriebe zugeschnitten ist, ohne weiteres auch auf die Versicherungswirtschaft paßt. Farny unterscheidet die Elementarfaktoren Schadenvergütungen, Arbeitsleistungen, Betriebsmittel, Rückversicherung und Sicherheitskapital und den dispositiven Faktor Geschäfts- und Betriebsleitung.

Hinter diesem Faktorsystem steht der Gedanke, daß ein VU Versicherungsschutz, also ein abstraktes Schutzversprechen produziert. Unter diesem Aspekt sind die Schadenvergütungen nicht mit der Leistung des Versicherers identisch, sie gehen vielmehr als Produktionsfaktor in das Produkt Versicherungsschutz ein, indem sie dazu dienen, das Schutzversprechen im Schadenfall zu erfüllen. Eine solche Betrachtungsweise mutet heute noch ungewöhnlich an, sie ist aber eine zwangs-

---

[5] *Gutenberg*, Produktion, S. 5; *Kilger*, Produktions- und Kostentheorie, S. 7.

[6] *Krelle*, Wilhelm: Theorie der wirtschaftlichen Verhaltensweisen, Meisenheim 1953, S. 106, Fußnote 3.

[7] *Gutenberg*, Produktion.

[8] *Farny*, Produktions- und Kostentheorie.

läufige Folge der modernen Anschauung vom Wesen der Versicherungsproduktion und wird sich deshalb wie diese durchsetzen.

Auch die Tatsache, daß Schadenvergütungen meist in Geldform ge-
kleidet sind, stört nicht. Geld ist ein wirtschaftliches Gut und kann deshalb wie jedes andere Gut in einen Produktionsprozeß eingehen. Als
Güterverbrauch im Produktionsprozeß kommen nicht nur Materialmen-
gen, sondern auch Mengen an Nominalgütern in Betracht[9]. Für die
Faktoreigenschaft ist auch nicht erforderlich, daß die eingesetzten Güter im Produktionsprozeß in ihrem Wesen geändert werden. Wenn ein
Automobilwerk Autoradios bezieht und diese unverändert in die Wa-
gen einbaut, so handelt es sich dennoch um Bestandteile des Faktors
Werkstoffe[10]. Im übrigen ist die Geldform der Schadenvergütungen
keine unbedingte Voraussetzung für den Versicherungsschutz, wie das
Beispiel der Glasversicherung beweist.

Im deterministischen Modell muß unterstellt werden, daß stets die
erwarteten Schäden eintreten, daß effektiver Schadenanfall und geplante Nettoprämie immer übereinstimmen. Die Schadenvergütungen
werden also mit ihrem Erwartungswert gemessen. Auf diese Weise
wird das Risiko aus der Betrachtung ausgeschaltet und ein eindeutiger
Zusammenhang zwischen Versicherungsbestand und Schadenvergütungen hergestellt.

Es bedarf keiner näheren Erläuterung, daß Arbeitsleistungen und
Betriebsmittel Produktionsfaktoren darstellen. Unter Betriebsmittel
ist der gesamte Einsatz an Gütern zu verstehen, die nicht zu den anderen Produktionsfaktoren gehören, das sind in erster Linie Sachgüter,
wie Gebäude, Einrichtung, Büromaschinen und ähnliches.

Die Produktionsfaktoren Rückversicherung und Sicherheitskapital
sind erforderlich, weil die Versicherungsproduktion einem arteigenen
Risiko unterliegt. Ein Kombinationsprozeß mit Produktionsfaktoren,
die ihre Existenz dem Risiko verdanken, kann im Rahmen eines deterministischen Modells natürlich nicht erklärt werden. Wir gehen deshalb
zunächst nur von drei Elementarfaktoren aus, den Schadenvergütungen, den Arbeitsleistungen und den Betriebsmitteln.

### b) Limitationale und substitutionale Produktionsfaktoren

Es ist eine naheliegende Annahme, daß ein vermehrter Einsatz von
Produktionsfaktoren auch zu einer erhöhten Ausbringung führt. Diese

---

[9] *Kosiol*, Erich: Die Plankostenrechnung als Mittel zur Messung der technischen Ergiebigkeit des Betriebsgeschehens (Standardkostenrechnung), in:
Plankostenrechnung als Instrument moderner Unternehmensführung, hgg.
von Erich *Kosiol*, Berlin 1956, S. 19.

[10] Vgl. hierzu auch *Gutenberg*, Produktion, S. 121.

Annahme trifft uneingeschränkt aber nur für den Fall zu, daß alle Produktionsfaktoren in gleicher Weise vermehrt werden. Wird nur ein Faktor variiert, so ist durchaus nicht gesagt, daß der Mehreinsatz auch zu einem Mehrertrag führt.

Immer dann, wenn eine geplante Produktmenge nur mit einer bestimmten technisch vorgegebenen Kombination von Produktionsfaktoren erzeugt werden kann, bleibt der vermehrte Einsatz nur eines Faktors wirkungslos. Wenn in einer Betriebsabteilung Werkstücke von Hand gefeilt werden, so benötigt man dazu einen Arbeiter, eine Feile, eine Werkbank und das zu bearbeitende Material. Es ist klar, daß sich die Ausbringung nur durch vermehrten Einsatz aller Produktionsfaktoren steigern läßt. Gibt man dem Arbeiter lediglich eine zweite Feile in die Hand, so erreicht man nichts. Produktionsfaktoren, deren Einsatzmengen auf diese Weise in einer technisch gebundenen Relation zur geplanten Produktmenge stehen, heißen limitational[11]. Greift man irgendeinen Faktor heraus und hält ihn konstant, so limitiert er die maximal mögliche Produktion[12]. Zusätzliche Einsatzmengen anderer Faktoren werden vom Produktionsprozeß nicht aufgenommen.

Man spricht von substitutionalen Produktionsfaktoren, wenn eine geplante Erzeugnismenge mit verschiedenen Faktorkombinationen hergestellt werden kann[13]. Die Produktionsfaktoren können sich, wenigstens in gewissen Grenzen, gegenseitig substituieren. In diesem Fall ist es möglich, durch den Mehreinsatz nur eines Faktors eine zusätzliche Erzeugnismenge auszubringen. Das klassische Beispiel für substitutionale Produktionsfaktoren bietet die Landwirtschaft[14]. Die landwirtschaftliche Produktion läßt sich beispielsweise durch vermehrten Einsatz menschlicher Arbeitskraft bei Konstanz der übrigen Faktoren erhöhen. Diesen Grenzertrag kann man dem Faktor Arbeit zurechnen.

Wichtig ist in diesem Zusammenhang der Unterschied zwischen peripherer und alternativer Substitution. Bei peripherer Substitution bleiben alle Faktoren im Einsatz, lediglich ihre Einsatzmengen werden variiert. Wird dagegen ein Faktor völlig durch einen anderen ersetzt, etwa Arbeitskraft durch einen Automaten, so entsteht eine neue Faktorgruppe mit anderen Eigenschaften. Man spricht dann von alternativer Substitution. In diesem Falle sind nicht die Faktoreinsatzmengen, sondern die Faktoren selbst variabel[15]. Der Gegensatz zwischen

---

[11] *Schneider*, Wirtschaftstheorie, S. 164 ff.; *Kilger*, Produktions- und Kostentheorie, S. 12; *Laßmann*, Produktionsfunktion, S. 43.

[12] *Schneider*, Wirtschaftstheorie, S. 166.

[13] *Schneider*, Wirtschaftstheorie, S. 169; *Kilger*, Produktions- und Kostentheorie, S. 12 f.; *Laßmann*, Produktionsfunktion, S. 46.

[14] Vgl. *Kilger*, Produktions- und Kostentheorie, S. 21.

[15] *Gutenberg*, Produktion, S. 289 f.

limitationalen und substitutionalen Faktoren besteht nur im Hinblick auf die periphere Substitution. Eine alternative Substitution ist auch bei limitationalen Faktoren möglich[16].

Betrachtet man die Versicherungsproduktion in einem deterministischen Modell, so sind neben dem dispositiven Faktor drei Elementarfaktoren erforderlich, nämlich Schadenvergütungen, Arbeitsleistungen und Betriebsmittel. Diese Faktoren stehen in einem limitationalen Verhältnis zueinander. Jeder Versicherungsvertrag erfordert einen bestimmten Einsatz an Schadenvergütungen, gemessen am Erwartungswert, an Arbeitsleistungen und an Betriebsmitteln. Es ist nicht möglich, durch den Mehreinsatz nur eines Faktors eine zusätzliche Versicherung auszubringen.

### c) Potentialfaktoren

In jedem Betrieb gibt es eine Gruppe von Produktionsfaktoren, deren Einsatzmenge in gewissen Grenzen von der Ausbringung unabhängig ist. Diese Faktoren stellen ihr Leistungspotential unabhängig davon zur Verfügung, inwieweit es genutzt wird, und werden deshalb Potentialfaktoren genannt[17]. Im Versicherungsbetrieb sind vor allem die Geschäfts- und Betriebsleitung, die Grundstücke und Gebäude und neuerdings auch die elektronischen Datenverarbeitungsanlagen zu den Potentialfaktoren zu rechnen.

Die Potentialfaktoren stehen in einer bestimmten Quantität zur Verfügung, die sich auch dann nicht ändert, wenn der Versicherungsbestand und damit die Versicherungsproduktion erhöht oder verringert wird. Allerdings sind auch die Potentialfaktoren nicht völlig unabhängig von der Bestandsgröße. Von einer gewissen Bestandsgröße an wird man zusätzliche Vorstandsmitglieder berufen, Erweiterungsbauten durchführen und zusätzliche Rechenaggregate beschaffen müssen. Diese neuen Potentialfaktoren wiederum können eine weitere Bestandserhöhung unverändert auffangen. Potentialfaktoren verändern sich also sprunghaft. Innerhalb der einzelnen Intervalle kann man sie als konstant und von der Bestandsgröße unabhängig ansehen.

### d) Die Produktionsfunktion

Das Hauptinteresse der Produktionstheorie ist auf das mengenmäßige Verhältnis zwischen Faktoreinsatz und Faktorertrag gerichtet. Diese Beziehung bezeichnet man als Produktionsfunktion[18]. Sind $r_1$, $r_2$, ..,

---

[16] *Kilger*, Produktions- und Kostentheorie, S. 13.

[17] *Gutenberg*, Produktion, S. 314; *Kilger*, Produktions- und Kostentheorie, S. 13; *Laßmann*, Produktionsfunktion, S. 22.

[18] *Gutenberg*, Produktion, S. 290; *Schneider*, Wirtschaftstheorie, S. 164.

$r_n$ die Einsatzmengen der Produktionsfaktoren $R_1$, $R_2$, . ., $R_n$, so gilt für die erzeugte Menge $x$:

(70)                                $x = f(r_1, r_2, . ., r_n)$

Handelt es sich bei $R_1$, $R_2$, . ., $R_n$ um limitationale Produktionsfaktoren, so ist die Produktionsfunktion eindeutig bestimmt. Es ist nicht möglich, eine bestimmte Menge $x$ mit verschiedenen Faktorkombinationen zu erzeugen, ohne daß dabei Faktoreinsatzmengen verschwendet werden.

Im Falle von substitutionalen Produktionsfaktoren kann man eine gegebene Menge $x$ jedoch mit verschiedenen Faktorkombinationen erzeugen. Damit ergibt sich die Aufgabe, die günstigste Kombination zu finden. Als solche gilt die mit den geringsten Kosten, die sogenannte Minimalkostenkombination. Damit wird das Problem in die Kostentheorie verschoben.

In der Versicherungswirtschaft benötigen wir unter den Prämissen der konventionellen Produktionstheorie drei limitationale Elementarfaktoren und den dispositiven Faktor. Die Produktionsfunktion der Versicherung ist also eindeutig bestimmt durch das technisch determinierte Verhältnis zwischen Faktoreinsatz und Faktorertrag.

Die Produktionsfunktion ist nur sinnvoll, wenn es sich bei der erzeugten Menge um homogene Güter handelt oder um heterogene Güter, die man mit Äquivalenzziffern auf eine Einheitssorte umrechnen kann. In der Versicherungswirtschaft gibt es für die quantitative Messung des Gutes Versicherungsschutz eine ausgezeichnete Maßgröße, die geeignet ist, alle Verträge gleichnamig zu machen, nämlich den Erwartungsschaden oder die reine Nettoprämie. Hierdurch darf man sich allerdings nicht zu der Annahme verleiten lassen, man könnte für einen Kompositversicherer mit einer einzigen Produktionsfunktion auskommen. Der Faktorverbrauch pro Maßeinheit ist nicht nur bei den einzelnen Sparten verschieden, auch innerhalb der einzelnen Versicherungszweige kommt es wesentlich darauf an, ob es sich um kleine, mittlere oder große Verträge handelt. Dennoch kann man gewisse Gruppen annähernd gleichartiger Verträge zusammenfassen. Jeder dieser Gruppen ist eine eigene Produktionsfunktion zuzuordnen.

Um das Produktionsmodell möglichst einfach zu gestalten, unterstellen wir im folgenden, daß ein Versicherungsbestand in verschiedene Gruppen homogener Versicherungsverträge zerfällt. Diese Gruppen bezeichnen wir als Versicherungssparten oder -zweige. Die quantitative Messung des Gutes Versicherungsschutz ist somit innerhalb der einzelnen Sparten durch bloßes Abzählen der Verträge möglich. Etwaigen Einwänden gegen dieses Verfahren kann man mit dem Hinweis darauf begegnen, daß man der in der Praxis zu beobachtenden Heterogenität der Versicherungsverträge durch Verwendung der reinen Risikoprämie als Maßgröße entsprechen könnte.

## 2. Kostentheoretische Grundlagen

Die Produktionstheorie befaßt sich nur mit den mengenmäßigen Beziehungen zwischen Faktorertrag und Faktoreinsatz. Der Faktoreinsatz wird in Produktionsfaktoren unterteilt, und es wird untersucht, wie sich mengenmäßige Veränderungen der Produktionsfaktoren auf das Produktionsergebnis auswirken.

### a) Der Zusammenhang zwischen Produktions- und Kostentheorie

Multipliziert man die Faktoreinsatzmengen mit ihren Preisen, so erhält man die Kosten. Auf diese Weise läßt sich aus der Produktionsfunktion die Kostenfunktion ableiten. Wir bezeichnen den Preis einer Einheit des Faktors $R_i$ mit $q_i$ und erhalten:

(71) $$x = f(r_1q_1 + r_2q_2 + \ldots + r_nq_n)$$

Die Multiplikation mit dem Preis ist für solche Produktionsfaktoren unnötig, die ohnehin in Geldgrößen gemessen werden, hier also für die Schadenvergütungen. Die Kosten lassen sich addieren, und es ergibt sich:

(72) $$K = r_1q_1 + r_2q_2 + \ldots + r_nq_n$$

$K$ sind die Gesamtkosten der Ausbringungsmenge $x$. Somit folgt aus (71):

(73) $$x = f(K)$$

Durch Austausch von abhängiger und unabhängiger Variabler erhält man die inverse Funktion:

(74) $$K = \varphi(x)$$

Das ist die Gesamtkostenfunktion, die den funktionalen Zusammenhang zwischen den Gesamtkosten $K$ und der Ausbringungsmenge $x$ angibt. Da die Schadenkosten mit ihrem Erwartungswert gemessen werden, handelt es sich bei $K$ nicht um die effektiven, sondern um die erwarteten Kosten.

Gehen nur limitationale Produktionsfaktoren in den Produktionsprozeß ein, so bestehen zwischen $K$ und $x$ eindeutige Beziehungen. In diesem Falle ist, Konstanz der Faktorpreise und -qualitäten vorausgesetzt, jeder Erzeugungsmenge $x$ ein und nur ein Gesamtkostenbetrag $K$ zugeordnet. Bei substitutionalen Produktionsfaktoren können einem Gesamtkostenbetrag $K$ dagegen verschiedene Faktorkombinationen zugrunde liegen, die wiederum zu verschiedenen Ausbringungsmengen führen. Die Kostenfunktion ist also nicht eindeutig, sofern man nicht eine zusätzliche Annahme über die Art der Faktorkombination trifft. Diese Annahme besteht darin, daß von den verschiedenen Faktorkombinationen, die zur gleichen Ausbringungsmenge führen, die kostengünstigste ausgewählt wird[19]. Für die Versicherungsproduktion sind unter den Prämissen des deterministischen Modells nur limitationale Produktionsfaktoren erforderlich, so daß die Kostenfunktion eindeutig ist.

### b) Die Gesamtkostenfunktion des Versicherungsbetriebes

Bisher haben wir immer unterstellt, daß eine erhöhte Produktion nur durch vermehrte Faktoreinsatzmengen zu erreichen ist. Auf dieser Grundlage kamen wir zu dem Ergebnis, daß die Gesamtkostenfunktion im Versicherungsbetrieb eindeutig determiniert ist.

Diese Betrachtungsweise ist jedoch etwas zu eng. Die Anpassung der Produktionsfaktoren an einen geänderten Beschäftigungsgrad braucht nicht immer auf quantitative Weise zu geschehen. Statt zusätzliches Personal einzustellen, kann man Überstunden einlegen. Man spricht dann von zeitlicher Anpassung[20]. Es ist aber auch möglich, die Produktionsfaktoren bei gleicher Arbeitszeit stärker zu beanspruchen, so daß sie ihre Leistungsabgabe erhöhen. Diesen Vorgang nennt man intensitätsmäßige Anpassung[21]. Die unterschiedlichen Anpassungsformen werfen eine Reihe verwickelter Probleme auf[22]. Wichtig ist, daß die Kostenfunktion auch bei ausschließlich limitationalen Faktoren nur im Falle der quantitativen Anpassung eindeutig determiniert ist, bei den anderen Anpassungsformen sind zusätzliche Aspekte zu berücksichtigen.

Farny hat das Problem der Anpassung des Versicherungsbetriebes an einen wechselnden Beschäftigungsgrad eingehend untersucht[23]. Er kommt zu dem Ergebnis, daß sich Versicherungsbetriebe an eine wechselnde Ausbringung vorwiegend quantitativ anpassen, und zwar unter Änderung der Einsatzmengen aller Produktionsfaktoren[24]. Da die Produktionsfaktoren limitational an die Ausbringungsmenge gebunden sind, bleibt das Verhältnis der Faktoreinsatzmengen konstant. Dies muß bei konstanten Faktorpreisen und -qualitäten zu einer tendenziell linearen Gesamtkostenfunktion führen[25]. Wir dürfen also davon aus-

---

[19] *Kilger*, Produktions- und Kostentheorie, S. 18.

[20] *Gutenberg*, Produktion, S. 359 ff.

[21] *Gutenberg*, Produktion, S. 349 ff.

[22] Vgl. hierzu *Gutenberg*, Produktion, S. 342 ff.; *Kilger*, Produktions- und Kostentheorie, S. 84 ff.; *Laßmann*, Produktionsfunktion, S. 65 ff.; *Heinen*, Edmund: Anpassungsprozesse und ihre kostenmäßigen Konsequenzen, Köln und Opladen 1957; *Lohmann*, Betriebswirtschaftslehre, S. 61 ff.

[23] *Farny*, Produktions- und Kostentheorie, S. 173 ff.

[24] *Farny*, Produktions- und Kostentheorie, S. 210.

gehen, daß es sich bei (74) um eine lineare Funktion handelt. Die Schadenerwartung in Abhängigkeit von der Zahl homogener Verträge ist ohnehin eine lineare Funktion, wie leicht einzusehen ist.

Die Gesamtkostenfunktion ist in zweifacher Hinsicht zu einfach, um in ein Produktionsmodell eingehen zu können. Sie berücksichtigt noch nicht die fixen Kosten und gilt überdies nur für Einbranchenversicherer.

Es wurde bereits darauf hingewiesen, daß im Versicherungsbetrieb auch Produktionsfaktoren eingesetzt werden, deren Einsatzmenge von der Ausbringung unabhängig ist. Die sogenannten Potentialfaktoren verursachen in einer bestimmten Periode Kosten, die sich mit schwankender Beschäftigung nicht ändern und deshalb fixe Kosten genannt werden[26]. Typische Beispiele hierfür sind der Zeitverschleiß von Betriebsmitteln, Grundstückskosten, die Miete für die elektronischen Datenverarbeitungsanlagen, die Gehälter bestimmter Angestellter und die Kosten des dispositiven Faktors. Die Potentialfaktoren können unterschiedlich in Anspruch genommen werden. Man kann die fixen Kosten deshalb gedanklich in Nutz- und Leerkosten unterteilen[27]. Leerkosten sind die Kosten der nicht genutzten Kapazität der Potentialfaktoren. Die Entstehung fixer Kosten ist im wesentlichen auf die mangelnde Teilbarkeit der Produktionsfaktoren und auf betriebspolitische Entscheidungen des Unternehmers zurückzuführen[28]. Diese These von der Dipositionsbestimmtheit der Kosten wurde von Henzel[29] eingeführt. Die fixen Kosten unterliegen den gleichen Änderungen wie die Potentialfaktoren, sie ändern sich also sprunghaft, weshalb man auch von sprungfixen Kosten spricht[30].

In der Versicherungswirtschaft spielen die fixen Kosten nach herrschender Meinung keine große Rolle[31]. Dessen ungeachtet müssen sie in der Gesamtkostenfunktion berücksichtigt werden. Für ein Planungsmodell, das nur auf eine Periode abgestellt ist, scheint es eine vertretbare Annahme zu sein, die fixen Kosten als unveränderlich anzunehmen.

Die Gesamtkosten steigen bei einem Versicherungsbetrieb tendenziell linear mit wachsendem Bestand. Die variablen Kosten pro Vertrag,

---

[25] *Farny*, Produktions- und Kostentheorie, S. 190, 204 und 210.

[26] *Kilger*, Produktions- und Kostentheorie, S. 60 und 69.

[27] *Gutenberg*, Produktion, S. 336 ff.

[28] *Gutenberg*, Produktion, S. 339 ff.

[29] *Henzel*, Fr.: Der Unternehmer als Disponent seiner Kosten, Zeitschrift für Betriebswirtschaft 1936, S. 142 ff.

[30] *Kilger*, Produktions- und Kostentheorie, S. 81.

[31] *Farny*, Produktions- und Kostentheorie, S. 194 f., mit zahlreichen Literaturnachweisen.

die mit $k_v$ bezeichnet werden sollen, bleiben also konstant. Wenn man nur die variablen Gesamtkosten betrachtet, kann man (74) deshalb umformen in

$$(75) \qquad\qquad K(n) = nk_v,$$

worin $n$ die Zahl der homogenen Verträge bedeutet. Fügt man die fixen Kosten hinzu, so erhält man die Gesamtkostenfunktion der Einbranchengesellschaft mit

$$(76) \qquad\qquad K(n) = K_f + nk_v.$$

Hierin sind $K_f$ und $k_v$ Konstanten, so daß die Gesamtkosten nur von $n$ abhängig sind.

Für eine Mehrbranchengesellschaft mit $m$ Sparten ist die Gesamtkostenfunktion wie folgt zu erweitern:

$$(77) \qquad\qquad K(n_1, n_2, \ldots, n_m) = K_f + \sum_{j=1}^{m} n_j k_{vj}$$

Die Funktion (77) enthält $m$ unabhängige Variable. Wenn $m > 2$, läßt sich diese Funktion nicht mehr graphisch darstellen und entzieht sich damit einem bildlichen Vorstellungsvermögen. Aus (77) geht hervor, daß die Gesamtkosten eines Versicherungsbetriebes im deterministischen Modell nur von den $n_1, n_2, \ldots, n_m$, also von der Bestandsgröße und -zusammensetzung abhängig sind. Jedem Versicherungsbestand beliebiger Größe und Zusammensetzung ist ein und nur ein Kostenbetrag zugeordnet. Dabei handelt es sich aber, wie nochmals hervorgehoben sei, nicht um die effektiven Kosten, sondern um deren Erwartungswert.

## II. Die Kosten im stochastischen Modell

Bisher wurde mit der Prämisse vollkommener Voraussicht gearbeitet, die das Risiko aus der Betrachtung ausschaltet. Hebt man diese Prämisse für den Bereich der Schadenkosten auf, bezieht man also das versicherungstechnische Risiko in die Betrachtung ein, so bedeutet das einen wesentlichen Schritt in Richtung auf die wirtschaftliche Wirklichkeit, gleichzeitig verläßt man damit aber den Boden der traditionellen Produktions- und Kostentheorie. Die Gesamtkostenfunktion (77) gilt dann nur noch für die Kosten der Faktoren Arbeitsleistungen und Betriebsmittel.

Werden die Schadenkosten als Zufallsvariable angesehen, so sind auch die Gesamtkosten eine stochastische Variable. Damit ist $K$ nicht mehr nur von $n_1, n_2, \ldots, n_m$, also von der Bestandsgröße und -zusammensetzung, abhängig, sondern auch vom Zufall. Das bedeutet, daß zwi-

schen Gesamtkosten und Versicherungsbestand keine eindeutigen Beziehungen mehr bestehen. Aufgabe der Kostentheorie ist es, die funktionalen Beziehungen zwischen Kosten und Ausbringung aufzuzeigen.
Unter dem Einfluß des Zufalls ist ein solcher Zusammenhang nicht mehr
sinnvoll zu definieren, und wir müssen nach anderen Wegen suchen.

### 1. Ersatz der Kostenfunktion durch eine Nutzenfunktion

Die Schadenkosten einer Sparte $S_j$ sind die Summe der Einzelschäden. Die Gesamtschadenkosten eines Versicherungsbestandes wiederum sind die Summe der Schadenkosten der einzelnen Sparten:

$$(78) \qquad Z = Z_1 + Z_2 + \ldots + Z_m$$

Die Gesamtschadenverteilung $F(z)$ ergibt sich, Unabhängigkeit des
Schadenfalls zwischen den einzelnen Sparten vorausgesetzt, aus
den verschiedenartigen Schadenverteilungen der einzelnen Versicherungszweige durch Faltung:

$$(79) \qquad F(z) = F_1(z_1) * F_2(z_2) * \ldots * F_m(z_m)$$

Wie aus (29) hervorgeht, ist die Schadenverteilung $F_j(z_j)$ der
$j$-ten Sparte bei gegebener Schadensummenverteilung nur von der
Nettoprämie abhängig, die in unserem Modell durch die Zahl der
homogenen Verträge in der betreffenden Sparte eindeutig bestimmt ist.
Somit bestehen zwar keine funktionalen Zusammenhänge zwischen
Versicherungsbestand und Gesamtschaden, die Gesamtschadenverteilung ist aber nur von $n_1$, $n_2$, .., $n_m$, also von der Bestandsgröße
und -zusammensetzung, abhängig.

Es wurde festgestellt, daß die Zielsetzung eines VU als Nutzenmaximierung definiert werden kann. Bei dieser Betrachtung interessieren
weniger die effektiven Beträge, die mit der Versicherungsproduktion
verbunden sind, als vielmehr deren Nutzen. Für die Ermittlung des
optimalen Versicherungsbestandes ist es deshalb nicht erforderlich,
funktionale Zusammenhänge zwischen den effektiven Kosten und der
Bestandsgröße und -zusammensetzung aufzuzeigen, es genügt, wenn
man solche Beziehungen zwischen dem Nutzen der Kosten und dem
Versicherungsbestand herstellen kann. Hierzu sind wir in der Lage,
da der Nutzen kardinal meßbar ist und das Bernoulliprinzip die Verteilung der Schadenkosten zu einer Zahl verdichtet.

Die Gesamtkostenfunktion kann also durch eine Nutzenfunktion ersetzt werden, die nach dem Bernoulliprinzip wie folgt lautet:

$$(80) \qquad U_k(n_1, n_2, .., n_m) = \int_0^\infty u\left[-K_f - \sum_{j=1}^m (n_j k_{vj} + z_j)\right]$$

$$d\,[F_1(z_1) * F_2(z_2) * \ldots * F_m(z_m)]$$

Dies ist die Nutzenfunktion eines Versicherungsbetriebes mit $m$ Sparten für die Kosten des dispositiven Faktors sowie der Elementarfaktoren Schadenvergütungen, Arbeitsleistungen und Betriebsmittel, wobei die Schadenkosten als stochastische Variable aufgefaßt werden. Da die Kosten zu Nutzeneinbußen führen, müssen sie als negative Beträge in die Nutzenfunktion eingehen. Bei gegebener subjektiver Geldnutzenfunktion $u(x)$ ist der Nutzen $U_k$ nur von $n_1$, $n_2$, . ., $n_m$ abhängig, also von der Bestandsgröße und -zusammensetzung.

## 2. Verbesserung der Unternehmenssicherheit

Ein Versicherungsbetrieb produziert Versicherungsschutz. Ein solches Schutzversprechen ist nur dann von Wert, wenn es sicher ist. Farny[32] fordert deshalb, daß die Versicherungsproduktion unter der Nebenbedingung ausreichender Sicherheit betrieben werden müsse. Sicherheit der Versicherungsproduktion bedeutet Sicherheit des VU, denn das Schutzversprechen wäre zweifelhaft, wenn die akute Gefahr bestünde, daß das VU über kurz oder lang in Konkurs geht.

Ein Schutzversprechen ist um so wertvoller, je zuverlässiger es ist. Seine Zuverlässigkeit wiederum hängt ab von der Unternehmenssicherheit. Damit erweist sich die Unternehmenssicherheit als Kriterium für die Qualität des Gutes Versicherungsschutz[33]. Wie jedes andere Gut hat auch der Versicherungsschutz eine Quantität und eine Qualität. Die Quantität wird gemessen durch den Erwartungsschaden oder die reine Nettoprämie[34], die Qualität bestimmt sich durch die Unternehmenssicherheit des VU. Kulante Schadenregulierung, sachdienliche Beratung und dergleichen haben mit dem eigentlichen Schutzversprechen nichts zu tun, sie sind keine Bestandteile des Gutes Versicherungsschutz, sondern gehören zum Service. Sie sind damit auch keine Kriterien für die Qualität des vom Versicherer produzierten Gutes.

Für die Unternehmenssicherheit gibt es im wesentlichen zwei Maße, die Verlustjahrwahrscheinlichkeit nach Gürtler[35] und die Ruinwahrscheinlichkeit der kollektiven Risikotheorie. Der Unterschied zwischen den beiden Maßen liegt nicht im Prinzipiellen, sondern in der statischen und dynamischen Betrachtungsweise. Für unsere Zwecke genügt das einfachere statische Maß, die Verlustjahrwahrscheinlichkeit, die wie folgt definiert ist:

---

[32] *Farny*, Produktions- und Kostentheorie, S. 29 f.

[33] *Seuß*, Wilhelm: Die Versicherungsproduktion, Zeitschrift für Versicherungswesen 1965, S. 712; *Farny*, Unternehmerentscheidungen, S. 148.

[34] Vgl. hierzu auch *Karten*, Schwankungsfonds, S. 31.

[35] *Gürtler*, Risiko, S. 218.

$$(81) \qquad\qquad \psi = \int\limits_{S}^{\infty} dF\,(z)$$

$\psi$ ist die Wahrscheinlichkeit, daß der Gesamtschaden $Z$ einer Rechnungsperiode den Betrag $S$ übersteigt, den wir als Sicherheitskapital einschließlich der Prämieneinnahmen verstehen wollen. Je höher die Verlustjahrwahrscheinlichkeit, desto geringer ist die Unternehmenssicherheit und umgekehrt.

Aus (81) ist ersichtlich, daß die Verlustjahrwahrscheinlichkeit und damit die Unternehmenssicherheit von der Gesamtschadenverteilung $F(z)$ und dem Sicherheitskapital abhängen. Die Gesamtschadenverteilung kann bei einem gegebenen Versicherungsbestand nur durch Rückversicherung geändert werden. Damit erweisen sich Rückversicherung und Bereitstellung von Sicherheitskapital als Methoden zur Verbesserung der Unternehmenssicherheit. Bezieht man also das Risiko in die theoretische Betrachtung ein und stellt man sich des weiteren auf den Standpunkt, daß Versicherungsproduktion eine ausreichende Unternehmenssicherheit erfordert, so benötigen Versicherungsbetriebe, die nach dem Prinzip der festen Prämie arbeiten, in der Regel zwei weitere Produktionsfaktoren, nämlich Rückversicherung und Sicherheitskapital.

Zwischen den beiden Methoden zur Verbesserung der Unternehmenssicherheit besteht ein wesentlicher Unterschied[36]. Nur die Rückversicherung ist in der Lage, das versicherungstechnische Risiko zu vermindern, das als die Möglichkeit zufallsbedingter Abweichungen der effektiven von den erwarteten Schäden definiert wurde. Das Sicherheitskapital dient dazu, Verluste aus dem trotz Rückversicherung verbleibenden Risiko zu finanzieren. Sicherheitskapital vermindert also nicht das versicherungstechnische Risiko, es erhöht die Fähigkeit, dieses Risiko zu tragen.

### a) Risikominderung durch Rückversicherung

Wenn ein VU Rückversicherung nimmt, kauft es seinerseits Versicherungsschutz. Der Rückversicherer verspricht, sich in einem vertraglich vereinbarten Umfange an den Schadenvergütungen zu beteiligen. Ebenso wie die Schadenzahlung nicht die eigentliche Leistung des Erstversicherers darstellt, besteht die Leistung des Rückversicherers nicht in der Übernahme eines Teiles der Schadenkosten des Erstversicherers, sondern in dem abstrakten Schutzversprechen, das

---

[36] Vgl. *Farny*, Produktions- und Kostentheorie, S. 27.

die Schadensummenverteilung und damit die Gesamtschadenverteilung des Erstversicherers in einer für diesen günstigen Weise verändert. Der Erstversicherer braucht mit bestimmten Schadenbeträgen
nicht mehr zu rechnen, sie kommen in seiner Gesamtschadenverteilung
nicht mehr vor. Insoweit werden die Schadenvergütungen durch Rückversicherung ersetzt. Alle Rückversicherungsverträge vermindern die
absolute Streuung der Gesamtschadenverteilung, die meisten vermindern auch die relative Streuung. Die Rückversicherung verbessert somit die Risikosituation des Erstversicherers.

Man kann die Rückversicherungsverträge als Dienstleistungen oder
Halbfabrikate ansehen, die der Erstversicherer vom Rückversicherer
bezieht[37]. Jedenfalls sind es Produktionsfaktoren, die mit den anderen
Faktoren bei der Versicherungsproduktion kombiniert werden, um
die Unternehmenssicherheit und damit die Qualität des Gutes Versicherungsschutz zu erhöhen.

Der Preis des Faktors Rückversicherung ist, wie schon gezeigt wurde,
im allgemeinen höher als der Erwartungswert der Rückversicherungsleistung. Auf die Dauer und im Durchschnitt verteuert der Einsatz dieses
Faktors also die Versicherungsproduktion[38]. Das Gut Versicherungsschutz wird zwar besser, denn das Schutzversprechen ist sicherer, es
wird aber auch teurer. Der Unternehmer steht also auch in der Versicherungswirtschaft wie in anderen Wirtschaftszweigen vor der Entscheidung, ob er ein qualitativ hochwertiges Gut mit einem kostspieligen Fertigungsverfahren oder ein qualitativ geringer zu bewertendes
Gut mit einem billigeren Fertigungsverfahren herstellen soll. Der
Austausch zwischen Schadenvergütungen und Rückversicherung ist
also keine Faktorsubstitution bei gegebener Quantität und Qualität
der Produktmenge. Es handelt sich vielmehr um eine Verfahrensauswahl zur Bestimmung der Produktqualität. Jede Substitution zwischen
Schadenvergütungen und Rückversicherung bei einem gegebenen Versicherungsbestand verändert die Unternehmenssicherheit.

Zwei Versicherungen mit gleichem Deckungsumfang und gleichem
Erwartungsschaden können von zwei verschiedenen Versicherern mit
unterschiedlichen Fertigungsverfahren produziert werden. Der eine
Versicherer setzt mehr, der andere weniger Rückversicherung ein.
Wird richtig kalkuliert, ist die eine Prämie höher, die andere niedriger.
Den Versicherungsverträgen sieht man die unterschiedliche Qualität

---

[37] *Manes*, Alfred: Versicherungswesen, 1. Band: Allgemeine Versicherungslehre, 5. Auflage, Leipzig und Berlin 1930, S. 210; *Farny*, Produktions- und
Kostentheorie, S. 110 f.

[38] Vgl. hierzu auch *Braeß*, Paul: Der Einfluß der Rückversicherung auf die
Prämienkalkulation in der Sachversicherung, Versicherungswirtschaft 1963,
S. 159 ff.

aber nicht an. Nur wenig VN machen sich Gedanken über die Sicherheit ihres VU, noch weniger sind in der Lage, diese zu beurteilen. Es müßte für den Unternehmer eigentlich naheliegen, billig zu produzieren, da die höhere Qualität der Produkte im Bereich der Versicherung zu wenig beachtet wird. Hiergegen sind die VN auf zweifache Weise geschützt, einmal durch die Aufsichtsbehörde, die über die dauernde Erfüllbarkeit der Verträge zu wachen hat, zum anderen aber dadurch, daß der Unternehmer selbst ein vitales Interesse an seiner Existenzsicherheit hat. Immerhin läßt sich nicht übersehen, daß in der Möglichkeit, äußerlich gleichartigen aber qualitativ minderwertigen Versicherungsschutz zu produzieren, eine große Versuchung liegen kann. Auch aus diesem Grund ist das Versicherungsgeschäft als ein „Metier der Versuchungen"[39] zu bezeichnen.

Die Kosten der Rückversicherung richten sich nach der Art des Rückversicherungsvertrages. Man kann im wesentlichen zwei Formen der Rückversicherung unterscheiden, die Summen- und die Schadenrückversicherung. Im Falle der Summenrückversicherung beteiligt sich der Rückversicherer an allen oder bestimmten Einzelrisiken und erstattet anfallende Schäden entsprechend des rückversicherten Summenanteils. Er erhält dafür einen entsprechenden Anteil der Originalprämie, von der er, da seine Kosten niedriger sind als die des Erstversicherers, einen im voraus vereinbarten Prozentsatz als sogenannte Rückversicherungsprovision zurückzugeben hat. Die Schadenrückversicherung ist dagegen nicht an Einzelrisiken, sondern an anfallende Schäden aus einem Bestand oder Teile eines Bestandes gebunden. Der Rückversicherer übernimmt den Teil der Einzelschäden oder des Gesamtschadens, der einen bestimmten Betrag, die sogenannte Priorität, übersteigt bis zu einer vereinbarten Höchstgrenze. Bei der Schadenrückversicherung wird der Rückversicherer nicht an der Originalprämie beteiligt, die Rückversicherungsprämie wird vielmehr frei kalkuliert, eine Rückversicherungsprovision ist nicht üblich. Im allgemeinen ist aber auch die Prämie für eine Schadenrückversicherung in irgendeiner Weise von der Prämieneinnahme des Erstversicherers abhängig. Die Rückversicherungskosten sind somit dem variablen Kosten zuzurechnen. Ist die Rückversicherungsprämie in Ausnahmefällen als fester, von der Bestandsgröße unabhängiger Betrag vereinbart, so ist die Rückversicherung als Potentialfaktor aufzufassen, der zu fixen Kosten führt.

Die Rückversicherungskosten sind die Differenz zwischen der Rückversicherungsprämie und der Rückversicherungsprovision sowie den sonstigen Prämienvergütungen des Rückversicherers, also der Betrag,

---

[39] *Röglin*, Hans-Christian: Konkurrenz, Kybernetik und Kartell, Zeitschrift für Versicherungswesen 1965, S. 320 ff.

der letztlich beim Rückversicherer verbleibt. In vielen Rückversicherungsverträgen ist vereinbart, daß der Rückversicherer dem Erstversicherer bei gutem Verlauf des Vertrages eine Gewinnbeteiligung vergütet. In diesen Fällen sind die Rückversicherungskosten vom Schadenanfall des Erstversicherers und damit vom Zufall abhängig. Genaugenommen müßte man die Rückversicherungskosten in solchen Fällen als stochastische Variable auffassen und deren Verteilung ermitteln, was bei Kenntnis der Gesamtschadenverteilung des rückversicherten Bestandes keine grundsätzlichen Schwierigkeiten bereiten würde. Die Verteilung der Rückversicherungskosten ginge dann mit ihrem Nutzen in den Ausdruck (80) ein. Wir wollen diesen Weg aber nicht gehen und der Einfachheit halber annehmen, daß die Rückversicherungskosten keinen stochastischen Änderungen unterworfen sind. Es sei jedoch ausdrücklich darauf hingewiesen, daß unser auf die moderne Nutzentheorie aufbauendes Modell auch den stochastischen Charakter der Rückversicherungskosten bewältigen könnte. Auch hieran zeigt sich die große Überlegenheit des nutzentheoretischen Konzeptes.

### b) Erhöhung der Finanzkraft durch Sicherheitskapital

Als zweite Möglichkeit zur Verbesserung der Unternehmenssicherheit oder der Verringerung der Verlustjahrwahrscheinlichkeit wurde die Bereitstellung von Sicherheitskapital erkannt. Es dient dazu, Verluste aus dem trotz Rückversicherung verbleibenden Risiko zu finanzieren. Die Inanspruchnahme von Sicherheitskapital ist im Versicherungsgeschäft kein außergewöhnlicher Vorgang, sondern eine zwangsläufige Folge des zufallsartig schwankenden Gesamtschadenverlaufes[40]. Da jedes VU, das noch Versicherungsproduktion betreibt und sich nicht durch 100%ige Rückversicherung in den Bereich der Versicherungsvermittlung begeben hat, ein versicherungstechnisches Risiko trägt, benötigt auch jedes VU Sicherheitskapital. Man muß deshalb Sicherheitskapital als Produktionsfaktor auffassen, der zur Verbesserung der Qualität des erzeugten Gutes Versicherungsschutz eingesetzt wird.

Das Sicherheitskapital ist in verschiedenen Bilanzpositionen zu finden. Typisch für VU ist die sogenannte Schwankungsrückstellung, eine Bilanzposition, die nur aus der Existenz des versicherungstechnischen Risikos heraus erklärbar ist und damit zu den echten Besonderheiten des Versicherungsgeschäftes zählt. Der die Schwankungsrückstellung bedeckende Schwankungsfonds stellt jedoch nicht die einzigen Sicherheitsmittel dar. Die zur Bildung der Schwankungsrückstellung steuerlich anerkannten Beträge sind sogar völlig unzureichend. Bei dynamischer Betrachtungsweise kommt ihnen weniger eine Sicherheitsfunk-

---

[40] *Farny*, Produktions- und Kostentheorie, S. 124 f.

tion als vielmehr eine begrenzte Ausgleichsfunktion zur Erzielung gleichmäßiger Jahresergebnisse zu[41]. Es ist in diesem Rahmen nicht erforderlich, die einzelnen Bilanzposten daraufhin zu untersuchen, inwieweit sie Sicherheitskapital enthalten können. Sicherheitskapital braucht nicht unbedingt mit Eigenkapital identisch zu sein[42]. Normalerweise erwerben die VU den Großteil ihrer Sicherheitsmittel aber als Eigenkapital im Wege der Selbstfinanzierung durch Sicherheitszuschläge auf die Prämie.

Sicherheitsmittel erfüllen nur dann ihren Zweck, wenn sie im Ernstfall liquidiert werden können. Für den Versicherer bedeutet dies in der Regel einen Verzicht auf Zinseinnahmen. Die Differenz zwischen den kalkulatorischen und den effektiven Zinsen stellt somit die Kosten des Faktors Sicherheitskapital dar.

### c) Die Minimalkostenkombination

Wir betrachten ein VU mit einem gegebenen Versicherungsbestand. Das VU habe sich entschieden, Versicherungsschutz einer bestimmten Qualität, gemessen an der Verlustjahrwahrscheinlichkeit, zu produzieren. Hierfür benötigt es im allgemeinen fünf Elementarfaktoren, nämlich Arbeitsleistungen, Betriebsmittel, Schadenvergütungen, Rückversicherung und Sicherheitskapital sowie den dispositiven Faktor.

Die gewünschte Verlustjahrwahrscheinlichkeit kann durch unterschiedliche Kombinationen von Sicherheitskapital und Rückversicherung erreicht werden. Damit erweisen sich Rückversicherung und Sicherheitskapital als substitutionale Faktoren. Ferner stellt sich die Aufgabe, die Minimalkostenkombination zu ermitteln[43]. Hierzu benötigt man neben der Grenzrate der Substitution die Preise der Produktionsfaktoren. Man verringert das Sicherheitskapital um eine kleine, streng genommen infinitesimale Einheit und erhöht die Rückversicherung entsprechend, so daß die Verlustjahrwahrscheinlichkeit konstant bleibt. Das Verhältnis zwischen der Abnahme des Faktors Sicherheitskapital und der Zunahme des Faktors Rückversicherung heißt Grenzrate der Substitution. Sie ist gleich dem reziproken Verhältnis der Grenzproduktivitäten beider Faktoren. Die günstigste Faktorkombination ist diejenige, bei der sich die Grenzproduktivitäten der beiden Faktoren wie ihre Preise verhalten.

---

[41] *Karten*, Walter: Grundsätzliche Bemerkungen zur neuen Schwankungsrückstellung, Versicherungswirtschaft 1966, S. 1039.

[42] *Farny*, Produktions- und Kostentheorie, S. 123 f.

[43] Zum Begriff und zur Ableitung der Minimalkostenkombination vgl.: *Gutenberg*, Produktion, S. 301 ff.; *Schneider*, Wirtschaftstheorie, S. 186 ff. und 210 ff.; *Kilger*, Produktions- und Kostentheorie, S. 29 ff.

Theoretisch kann man das Problem der Minimalkostenkombination für die Faktoren Rückversicherung und Sicherheitskapital mit den bekannten Methoden lösen. Praktisch würden sich allerdings erhebliche Schwierigkeiten ergeben, und zwar allein deshalb, weil es nicht nur eine, sondern zahlreiche Rückversicherungsformen gibt und weil für die Rückversicherung in vielen Fällen kein Marktpreis existiert[44].

Ein beliebiger Versicherungsbestand gegebener Qualität kann mit verschiedenen Kombinationen von Sicherheitskapital und Rückversicherung produziert werden. Ist das Verhältnis der beiden Faktoren zueinander aber einmal festgelegt, so sind die Einsatzmengen aller übrigen Faktoren eindeutig determiniert. Das gilt insbesondere für die Schadenvergütungen, die Farny[45] zu den substitutionalen Faktoren rechnet. Substitutionale Faktoren liegen jedoch nur dann vor, wenn eine bestimmte Erzeugungsmenge gegebener Qualität mit verschiedenen Faktorkombinationen erzeugt werden kann. Jeder Austausch zwischen Rückversicherung und Schadenvergütungen bei einer gegebenen Menge Versicherungsschutz verändert aber die Verlustjahrwahrscheinlichkeit und damit die Qualität des erzeugten Gutes. Unter diesem Aspekt gibt es bei der Versicherungsproduktion nur zwei substitutionale Faktoren, nämlich Rückversicherung und Sicherheitskapital. Alle anderen Faktoren sind limitational gebunden.

### 3. Die Nutzenfunktion unter Berücksichtigung aller Produktionsfaktoren

Im folgenden gehen wir davon aus, daß der Versicherer zu Beginn der Planungsperiode über ein bestimmtes Sicherheitskapital verfügt, das sich um die Erlöse erhöht und um die Kosten vermindert. Das Sicherheitskapital führt zu fixen Kosten. Desgleichen nehmen wir an, daß die Rückversicherung langfristig geplant ist und in der Planungsperiode nicht geändert wird. Die Rückversicherung führt grundsätzlich zu variablen Kosten. Diese Annahmen, die das Sicherheitskapital und die Rückversicherung in den Bereich der Planungsdaten verweisen, scheinen für eine kurzfristige Bestandsplanung vertretbar zu sein.

Da der Rückversicherer einen Teil der Schäden übernimmt, braucht der Erstversicherer nur noch mit Nettoschäden zu rechnen, die wir mit Y bezeichnen wollen. Die Bruttoschadenverteilung $F(z)$ wird durch den Rückversicherungsvertrag in die Nettoschadenverteilung $H(y)$ umgewandelt.

---

[44] Vgl. *Borch*, reinsurance treaties, S. 171.
[45] *Farny*, Produktions- und Kostentheorie, S. 75 ff.

Dadurch ändert sich die Nutzenfunktion (80) in

$$(82) \qquad U_k(n_1, n_2, \ldots, n_m) = \int_0^\infty u\,[-K_f - \sum_{j=1}^{m} (n_j k_{vj} + y_j)]$$
$$d\,[H_1(y_1) * H_2(y_2) * \ldots * H_m(y_m)]$$

Das ist die Nutzenfunktion der Gesamtkosten eines VU unter Berücksichtigung aller Produktionsfaktoren.

Bei gegebener Geldnutzenfunktion $u(x)$ ist der Nutzen nur von $n_1, n_2, \ldots, n_m$ abhängig. Wegen des stochastischen Charakters der Schadenkosten ist zwar kein eindeutiger Zusammenhang zwischen Versicherungsbestand und Gesamtkosten feststellbar. Ein solcher Zusammenhang besteht aber zwischen Versicherungsbestand und dem Nutzen der Gesamtkosten. Jedem beliebigen Versicherungsbestand ist ein und nur ein Nutzen der Gesamtkosten zugeordnet. Dies genügt für ein Konzept, das als Unternehmensziel die Nutzenmaximierung unterstellt.

# H. Die Erlöse des Versicherers

Neben Kosten und Risiko sind die Erlöse die dritte Einflußgröße im Produktionsmodell der Versicherung. Zu den Erlösen rechnen wir nur solche Einnahmen, die dem VU aus dem Versicherungsgeschäft erwachsen, denn nur sie stehen in einem unmittelbaren Zusammenhang zum Versicherungsbestand. Unter diesem Aspekt hat ein VU drei Erlösquellen: Prämien, Nebeneinnahmen und Vermögenserträge aus der Vorfinanzierung. Die Gesamterlöse sind in Abhängigkeit von der Bestandsgröße und -zusammensetzung darzustellen. Diese Aufgabe wird dadurch erschwert, daß die Prämieneinnahmen in einer Sparte nicht unabhängig sind von den Prämieneinnahmen in anderen Sparten, was auf die Verbundenheit der Nachfrage in der Versicherungswirtschaft zurückzuführen ist.

## I. Prämien und Nebeneinnahmen

Bei der Preisbildung im Versicherungsgeschäft sind zwei grundsätzlich verschiedene Fälle zu unterscheiden. Die Prämie für eine bestimmte Versicherung kann unumstößlich festliegen, dann sprechen wir von Preisbindung, die Prämienbemessung kann aber auch der freien Vereinbarung im Einzelfall überlassen sein, dann sprechen wir von freier Preisbildung.

Eine Preisbindung in der Versicherung wurde bisher in dreifacher Weise praktiziert, als für alle Gesellschaften verbindlicher Einheitstarif, als genehmigungspflichtige Unternehmenstarife und als freiwillige Kartelle. Der Einheitstarif in der Kraftfahrzeugversicherung wurde inzwischen durch Unternehmenstarife abgelöst, die von Gesellschaft zu Gesellschaft verschieden sein können.

In der Lebensversicherung, der Krankenversicherung und einigen Unterarten der Unfallversicherung werden die Unternehmenstarife von der Aufsichtsbehörde genehmigt. Sie sind in diesen Branchen gleichzeitig Bestandteil des Geschäftsplanes der VU. In der Kraftfahrzeugversicherung sind die Unternehmenstarife noch kein Bestandteil des Geschäftsplanes und müssen vom Bundeswirtschaftsministerium genehmigt werden. Ist ein solcher Unternehmenstarif einmal genehmigt, sei es von der Aufsichtsbehörde oder vom Bundeswirtschaftsministerium, so ist keine Abweichung mehr gestattet. Gesetzt, ein Tarif hat

$m$ Untergruppen mit den Prämienbeträgen $p_1$, $p_2$, .., $p_m$, so ist die Gesamtprämie eindeutig durch

$$(83) \qquad P(n_1, n_2, .., n_m) = \sum_{j=1}^{m} n_j p_j$$

gegeben. Hierin sind $n_1$, $n_2$, .., $n_m$ die Zahl der in den einzelnen Gruppen abgeschlossenen Verträge.

Kartelle müßten eigentlich zur gleichen Prämiensituation führen wie ein Einheitstarif. Die Tatsache, daß beide zur Zeit bestehenden Kartelle, das in der industriellen Feuer- und FBU-Versicherung und das in der Flußkaskoversicherung, weit von der Wirkung eines Einheitstarifes entfernt sind, ist leicht zu erklären. Eine strenge Preisbindung ist nur dann möglich, wenn es für die Auslegung der Tarife keinen Ermessensspielraum gibt. In der Feuer- und FBU-Versicherung können aber zwei Gesellschaften zu sehr verschiedenen Prämiensätzen für ein bestimmtes Risiko kommen, obwohl beide der Ansicht sind, in voller Übereinstimmung mit den Prämienrichtlinien zu handeln. Aus diesem Grund wurde auch eine gemeinsame Tarifierungskommission für Großrisiken geschaffen. In der Flußkaskoversicherung gibt es nicht einmal Prämienrichtlinien, so daß hier eine noch geringere Gewähr für ein einheitliches Prämienniveau bei gleichartigen Risiken gegeben ist. Die kartellierten Versicherungszweige stehen deshalb zwischen Preisbindung und freier Preisbildung.

Würde der Versicherungsmarkt den Bedingungen eines vollkommenen Marktes genügen und wären überdies die Voraussetzungen für eine vollständige Konkurrenz erfüllt, so könnte es für jedes Risiko nur einen bestimmten Marktpreis geben. Keine Gesellschaft wäre in der Lage, eine aktive Preispolitik zu betreiben. In Wirklichkeit sind die Versicherungsmärkte mehr oder weniger unvollkommen, wobei die Märkte für Konsumversicherungen unvollkommener sind als die für Produktivversicherungen[1]. Hierbei sind unter Konsumversicherungen die Verträge zu verstehen, die von privaten Haushaltungen abgeschlossen werden, im Gegensatz zu den von Unternehmen und öffentlichen Haushalten abgeschlossenen Produktivversicherungen.

Auch vom Idealbild der vollständigen Konkurrenz ist der Versicherungsmarkt weit entfernt. Für Großverträge, die nur wenige Gesellschaften mit hoher Zeichnungskapazität übernehmen können, dürfte eine Oligopolsituation auf einem unvollkommenen Markt, ein sogenanntes heterogenes Oligopol oder Oligopoloid, typisch sein[2]. Die

---

[1] Vgl. *Farny*, Versicherungsmärkte, S. 76.

[2] *Fischer*, Curt Eduard: Versicherungswirtschaft und Wettbewerbsgesetz, Wirtschaft und Wettbewerb 1954, S. 316; *Mahr*, Werner: Einführung in die Versicherungswirtschaft, Berlin 1951, S. 320; derselbe, Über einige Probleme

Gesellschaften können durch Prämienvariation den Umsatz in einem gewissen Rahmen beeinflussen. Inwieweit es möglich ist, durch Prämiensenkungen latente Nachfrage zu wecken, hängt von der Preiselastizität der Nachfrage ab. In der Versicherungswirtschaft rechnet man im allgemeinen mit einer niedrigen Preiselastizität[3], die für Produktivversicherungen größer zu sein scheint als für Konsumversicherungen[4]. Darüber hinaus können die Gesellschaften durch Unterbietungen Nachfrage von anderen Gesellschaften abziehen, müssen aber mit deren Reaktion rechnen. So erklärt sich auch der für einige Versicherungszweige typische Preisverfall auf den Versicherungsmärkten. Es ist nicht unsere Aufgabe, eine Preistheorie der Versicherung zu entwerfen, die außerordentlich schwierige Probleme aufwirft und befriedigend wohl nur mit Hilfe der modernen Spieltheorie entwickelt werden kann. Für unsere Zwecke genügt die Feststellung, daß der Umsatz in den Sparten mit freier Preisbildung nicht unabhängig von der Prämie ist. Der Preis einer Versicherung ist unter solchen Umständen also kein Datum, sondern eine Funktion von $n$. Um auch die Sparten mit freier Preisbildung mitzuerfassen, schreiben wir deshalb statt (83):

$$(84) \qquad P\,(n_1, n_2, \ldots, n_m) = \sum_{j\,=\,1}^{m} n_j p_j\,(n_j)$$

In dieser allgemeinen Formulierung, die neben der freien Preisbildung auch die Preisbindung und die Kartelle als Spezialfälle miterfaßt, sollen die Prämieneinnahmen in das Planungsmodell übernommen werden. Dabei wird unterstellt, daß jedem Versicherungsbestand ein und nur ein Prämienbetrag zugeordnet ist. Durch diese Annahme werden die auf oligopolistischen Märkten vorhandenen stochastischen Einflüsse auf der Erlösseite eliminiert.

Neben den Prämien erheben die VU Gebühren, die von geringer Höhe sind und auf die vielfach ganz verzichtet wird. Eine weitere Erlösquelle besteht in der Führungsprovision, die von beteiligten Gesellschaften an die führende Gesellschaft im Mitversicherungsgeschäft gezahlt wird. Diese Nebeneinnahmen sind den Prämien hinzuzurechnen.

---

der Versicherungsökonomik, in: Beiträge zur Versicherungswissenschaft, Festgabe für *Rohrbeck*, Berlin 1955, S. 212; *Zeidler*, Joachim Klaus: Marktformen und Marktordnung in der deutschen Versicherungswirtschaft, Hamburg 1959, S. 171; *Müller*, Ulrich: Zum Kartellproblem in der industriellen Feuerversicherung, Zeitschrift für betriebswirtschaftliche Forschung 1965, S. 296 f.

[3] *Borch*, recent developments, S. 332.

[4] *Braeß*, Paul: Angebot und Nachfrage in der Versicherung, Wirtschaft und Recht der Versicherung 1938, S. 56 ff.; *Farny*, Versicherungsmärkte, S. 145 ff.

## II. Vermögenserträge

Eine Eigenart des Versicherungsgeschäftes besteht darin, daß die Prämien im voraus gezahlt werden. Ein Großteil der Ausgaben wird aber erst später fällig. Die Versicherungsproduktion wird also von den VN vorfinanziert.

Bei Eingang einer Prämie fallen nur bestimmte Kosten sofort an, und zwar in erster Linie die Provisionen. Die übrigen Kosten entstehen erst nach und nach. Unterstellt man in diesem Zusammenhang, daß die Schäden zeitlich unabhängig voneinander eintreten, so steht eine Jahresprämie[5] abzüglich der vorausbezahlten Kosten dem Versicherer durchschnittlich ein halbes Jahr zur Verfügung. Rechnet man ferner mit einer mittleren Schadenabwicklungsdauer von sechs Monaten, so verlängert sich der genannte Zeitraum für die zur Finanzierung der Schäden dienende Risikoprämie auf ein Jahr. Unter diesen Umständen kann der Versicherer die volle Risikoprämie eines Geschäftsjahres und die Hälfte des übrigen Prämienanteiles abzüglich der vorausbezahlten Kosten zinsbringend anlegen. In der Bilanz schlagen sich diese dem VU zur Verfügung stehenden Mittel in der Hauptsache als Beitragsüberträge und als Schadenrückstellungen nieder, zu denen auch die Rückstellung für Schadenbearbeitungskosten zu rechnen ist. Von der Deckungsrückstellung, deren Problematik in der vorliegenden Untersuchung nicht behandelt wird, sehen wir ab.

Für die Höhe des Zinssatzes ist von entscheidender Bedeutung, ob die Mittel dem VU auf die Dauer zur Verfügung stehen oder ob sie Schwankungen unterliegen. Im ersteren Falle können sie langfristig angelegt werden. Werden die Mittel aber von Zeit zu Zeit aufgebraucht, so ist nur eine kurzfristige Anlage möglich.

Der die Schadenrückstellungen bedeckende Fonds kann in voller Höhe langfristig angelegt werden[6]. Die Schadenbeträge werden nicht sofort ausbezahlt, sondern verbleiben eine gewisse Zeit in dem Fonds. Wird ein Schaden aus dem Fonds bezahlt, kommt andererseits ein neuer Schadensbetrag in den Fonds hinein. Der Fonds bleibt also bei stagnierender Bestandsentwicklung tendenziell unverändert, mit wachsendem Versicherungsbestand erhöht er sich entsprechend.

Bei den Beitragsüberträgen kommt es darauf an, ob die Prämieneingänge gleichmäßig über das ganze Jahr verteilt oder auf einen oder wenige Termine konzentriert sind. Nur wenn die Prämien gleichmäßig

---

[5] Die folgenden Ausführungen gelten uneingeschränkt nur für die Nettoprämie, also für die Bruttoprämie abzüglich der Rückversicherungsprämie zuzüglich der Vergütungen des Rückversicherers an den Erstversicherer.

[6] *Braeß*, Finanzplanung, S. 38.

eingehen, steht der Betrag der Beitragsüberträge dem VU dauernd
zur Verfügung. Das ist leicht einzusehen, wenn man ein VU betrachtet,
bei dem sämtliche Prämien an einem Zeitpunkt fällig sind. Hier wird
der Fonds Jahr für Jahr aufgebraucht und wieder neu aufgefüllt.
Es bildet sich also kein Bodensatz.

Die aus der Vorfinanzierung durch die VN resultierenden Zinseinnahmen abzüglich der anteiligen Kosten der Vermögensverwaltung
müssen den Prämien und Nebeneinnahmen als dritte Erlösquelle hin-
zugerechnet werden, und zwar auch dann, wenn die Schadenzahlungen
verzinst werden. In diesem Falle sind lediglich die Schadenkosten entsprechend zu erhöhen. Im Jahresabschluß der VU wird der Zins aus
der Vorfinanzierung unter dem sogenannten nichtversicherungstechni-
schen Geschäft ausgewiesen. Das ist irreführend[7], denn diese Zins-
erträge sind gerade die Folge einer besonderen Eigenart der Versicherungstechnik. Eine Sparte schließt nur dann mit Verlust ab, wenn die
Kosten höher sind als die Erlöse einschließlich der Zinseinnahmen aus
der Vorfinanzierung[8]. Wenn in einer Sparte die reinen Prämieneinnahmen eben noch die Kosten decken, so ist diese Sparte dennoch gewinnbringend.

Die Prämien in der Erlösfunktion (84) sind also um die Nebeneinnahmen und um einen angemessenen Zins aus der Vorfinanzierung zu
erhöhen. Die Höhe des Zinssatzes spielt keine sehr erhebliche Rolle.
Man sollte allerdings das unterschiedliche Zinsniveau bei lang- und
kurzfristigen Anlagemöglichkeiten berücksichtigen. Gleichgültig, mit
welchem kalkulatorischen Zinsfuß man im übrigen rechnet, führt die
Vorfinanzierung bei Sparten mit hohen Prämieneinnahmen oder langer
Schadenabwicklungsdauer immer zu höheren Zinseinnahmen als bei
Sparten mit niedrigeren Prämieneinnahmen oder kurzer Schadenabwicklungsdauer. Gerade hierauf kommt es aber an.

### III. Die Verbundenheit der Nachfrage

Man nennt uns ein Volk von Versicherungsnehmern[9]. Diese Bezeichnung ist auf die relativ hohe Versicherungsdichte in der Bundesrepublik zurückzuführen. Die meisten VN treten als Nachfrager nach
Versicherungsschutz in verschiedenen Sparten auf. Ein solcher Tat-
bestand wird in den Wirtschaftswissenschaften als Verbundenheit der
Nachfrage bezeichnet im Gegensatz zur Verbundenheit des Angebots

---

[7] Vgl. *Farny*, Versicherungsmärkte, S. 98 f.

[8] Vgl. *Gürtler*, Max: Die Erfolgsrechnung der Versicherungsbetriebe, Berlin
1931, S. 244; *Farny*, Versicherungsmärkte, S. 99.

[9] *Frey*, Emil: Ergebnisse der deutschen Versicherungswirtschaft im Jahre
1964, Versicherungswirtschaft 1965, S. 1143.

(Briefpapier und Kuverts in Kassetten) oder zur Verbundenheit der Produktion (Kuppelprodukte).

Die Verbundenheit der Nachfrage berechtigt zu der Hoffnung, mit einem neuen VN auch in anderen Sparten ins Geschäft zu kommen, wenn man erst einmal in einer Sparte Fuß gefaßt hat. Solche Aussichten bestehen vor allem bei Abschlüssen in den sogenannten Schlüsselbranchen. Hierunter versteht man Versicherungszweige, die von den VN, mit Recht oder nicht, als besonders wichtig angesehen werden. Eine typische Schlüsselbranche ist die industrielle Feuerversicherung. Der Feuerversicherer eines Industrieunternehmens gilt als Hausversicherer. Ihm werden im allgemeinen noch zahlreiche andere Versicherungen angetragen. Dieser Umstand gilt auch als Erklärung für den verstärkten Wettbewerb in der industriellen Feuerversicherung[10]. Man glaubt, in derartigen Schlüsselbranchen sogar Verluste hinnehmen zu können, da man annimmt, diese Verluste würden durch Gewinne in anderen jetzt erschließbaren Sparten überkompensiert. Müller[11] weist mit Recht darauf hin, daß dieses Argument nicht mehr haltbar ist, wenn auch die Prämien in den anderen Sparten der Industrieversicherung knapp ausgehandelt sind. Hierzu kann es kommen, wenn man mehrere Sparten als Schlüsselbranchen ansieht und jeweils im Vertrauen auf Gewinne in den anderen Sparten niedrig kalkuliert.

Zieht ein Abschluß in den Schlüsselbranchen andere Verträge nach sich, so muß jede Gesellschaft umgekehrt fürchten, eine Geschäftsverbindung ganz zu verlieren, wenn die Konkurrenz eine wichtige Versicherung mit dem Kunden abschließen konnte. Die VU sind deshalb bestrebt, ein möglichst vollständiges Versicherungssortiment anzubieten. Stehen diesem Bestreben aufsichtsrechtliche Bestimmungen entgegen, so gründet man Tochtergesellschaften. Auch der Begriff des Warenhausprinzips[12] bringt diesen Grundgedanken zum Ausdruck. Es soll vermieden werden, daß Kunden deshalb zur Konkurrenz abwandern, weil die Gesellschaft den speziellen Versicherungswünschen nicht entsprechen kann. Zwischen den einzelnen Versicherungssparten bestehen also bestimmte, noch näher zu untersuchende Zusammenhänge. Die Förderung einer Sparte wirkt sich auch auf andere Sparten positiv aus. Andererseits bleibt eine rückläufige Bestandsentwicklung in einer Sparte nicht ohne Einfluß auf andere Versicherungszweige. Ursache dieser Zusammenhänge ist die Verbundenheit der Nachfrage, die sich zwischen zwei Extremen bewegt.

---

[10] Vgl. *Farny*, Dieter: Konkurrenz und Kartelle in der Versicherung, Handelsblatt Nr. 181 vom 21. 9. 1964.
[11] *Müller*, Kartellproblem, S. 310.
[12] Vgl. z. B. *Riebesell*, Paul: Die Spartenkombination in der Individualversicherung, Hamburg 1949, S. 5; *Herr*, Rudolf: Die Spartenkombination in der deutschen Privatversicherung, Berlin 1930, S. 117.

Angenommen, es gäbe nur zwei Versicherungssparten $S_1$ und $S_2$, so wäre es das eine Extrem, wenn jeder VN sowohl eine Versicherung der Art $S_1$ als auch eine Versicherung der Art $S_2$ abschließen würde. In diesem Fall wäre offenbar der Abschluß einer Versicherung der Art $S_1$ mit dem Abschluß einer Versicherung der Art $S_2$ untrennbar verknüpft. Die Verbundenheit der Nachfrage wäre vollständig.

Hätte jeder VN aber nur einen Versicherungsvertrag, entweder von der Art $S_1$ oder von der Art $S_2$, so bestünden zwischen den Versicherungsverträgen in den beiden Sparten nicht nur kein Zusammenhang, sie schlössen sich sogar gegenseitig aus. Wer eine Versicherung der Art $S_1$ beantragt, braucht keine von der Art $S_2$ und umgekehrt. Eine Verbundenheit der Nachfrage bestünde nicht. Dies ist das andere Extrem. Zwischen den beiden Extremen liegt die wirtschaftliche Wirklichkeit.

Bei vollständiger Verbundenheit der Nachfrage besteht keine Möglichkeit für das VU, die Bestandszusammensetzung aktiv zu beeinflussen. Hätte jeder VN je einen Vertrag in den Sparten $S_1$, $S_2$, .., $S_m$ abgeschlossen, so müßten sich alle Sparten in der gleichen Weise entwickeln. Man könnte eine einzelne Sparte weder fördern noch vernachlässigen. Die Bestandsplanung hätte sich also auf die Frage zu beschränken, inwieweit das VU in der kommenden Planungsperiode insgesamt expandieren soll.

Bestünde dagegen überhaupt keine Verbundenheit der Nachfrage, so könnten die VU bestandspolitische Maßnahmen in den einzelnen Versicherungszweigen treffen, ohne auf die anderen Sparten Rücksicht nehmen zu müssen. Würde jeder VN nur eine Versicherung abschließen, so hätte das VU über die einzelnen Versicherungen hinaus nichts zu erwarten und nichts zu verlieren.

Die unvollständige Verbundenheit der Nachfrage, wie sie in der Praxis anzutreffen ist, erlaubt zwar eine Veränderung der Bestandsstruktur, bestandspolitische Maßnahmen in einer Sparte bleiben aber nicht ohne Einfluß auf andere Teilbestände, so daß eine auf die einzelnen Sparten isolierte Bestandspolitik nicht möglich ist.

So wird verständlich, daß es für die Bestandsplanung wichtig ist zu wissen, wie sich Veränderungen in einer Sparte auf die anderen Sparten auswirken. Man muß versuchen, diese Interdependenzen zwischen den einzelnen Sparten zu quantifizieren. Soweit ersichtlich, wurde ein solcher Versuch bisher noch nicht unternommen, selbst die Spezialliteratur[13] beschränkt sich auf allgemeine Hinweise.

---

[13] *Dettmering*, W.: Die Spartenkombination in der deutschen öffentlichen Versicherung, Dortmund 1932; *Herr*, Spartenkombination; *Plath*, Werner: Spezial- oder Allbranchengesellschaft, Der Volkswirt, Beilage zu Nr. 49 vom 5. 12. 1953 „Versicherungen", S. 23 f.; *Riebesell*, Paul: Spartenkombination.

## 1. Exakte Lösung

Bei dem Versuch, die Verbundenheit der Nachfrage in der Versicherungswirtschaft zu quantifizieren, soll von einem einfachen Modell
ausgegangen werden. Es sei unterstellt, daß jeder VN irgendeiner
Gruppe angehört, die eine und nur eine Spartenkombination versichert.
Die Gruppenzugehörigkeit sei für Außenstehende erkennbar, kein VN
wechsele im Laufe der Zeit in eine andere Gruppe über, auch bestehe
keine latente Nachfrage. Ein Bäcker bleibt ein Bäcker, und Bäcker
versichern sich in den Sparten $S_1$ bis $S_5$. Wir nehmen weiterhin
an, daß jeder VN jeweils nur bei einer Gesellschaft versichert ist. Geht
er zu einer anderen Gesellschaft, so überträgt er sofort alle seine Versicherungsverträge auf das neue VU.

Unter diesen strengen Prämissen ist die Zahl der Versicherungsverträge $n_j$ in der $j$-ten Sparte eine Funktion der Anzahl der VN
$v_1, v_2, .., v_k$ aus den verschiedenen Gruppen $V_1, V_2, .., V_k$:

(85)            $n_j = f_j (v_1, v_2, .., v_k)$ für $j = 1, 2, \ldots, m$

Hierin sind $v_1, v_2, .., v_k$ die unabhängigen Variablen, $n_j$ ist
die abhängig Variable. Wegen dieses funktionalen Zusammenhanges
ist es möglich, die Bestandsplanung von der Art und Anzahl der Versicherungen auf die Anzahl und Gruppenzugehörigkeit der VN zurückzuführen und damit der Verbundenheit der Nachfrage zu entsprechen.
Der Außendienst erhält nicht mehr die Anweisung, $n_1, n_2, .., n_m$
neue Versicherungen abzuschließen, sondern er wird beauftragt, $v_1,$
$v_2, .., v_k$ neue VN zu werben. Die Quantifizierung der Verbundenheit der Nachfrage gelingt also durch einen einfachen Kunstgriff:
Die Bestandsplanung wird auf VN abgestellt und nicht mehr auf Versicherungen.

Stellt man fest, wieviel Gruppen von VN es theoretisch geben
kann, so wird die Schwäche dieses Lösungsansatzes offenbar. Wir wollen
zu diesem Zweck eine Matrix aufstellen, die soviel Spalten hat wie
Versicherungssparten und soviel Zeilen wie Versicherungsnehmergruppen:

$$
(86) \qquad
\begin{array}{c}
V_1 \\ V_2 \\ V_3 \\ \cdot \\ V_k
\end{array}
\begin{array}{ccccc}
S_1 & S_2 & S_3 & \ldots & S_m \\
\left( 1 \right. & 0 & 0 & \ldots & 0 \\
0 & 1 & 0 & \ldots & 0 \\
0 & 0 & 1 & \ldots & 0 \\
\cdot & \cdot & \cdot & \ldots & \cdot \\
1 & 1 & 1 & \ldots & \left. 1 \right)
\end{array}
$$

Schließt eine Versicherungsnehmergruppe Versicherungen in einer
bestimmten Sparte ab, so wird an dieser Stelle eine 1 in die Matrix
eingesetzt, andernfalls eine 0. Die Gruppe $V_1$ versichert sich also nur

8*

in der Sparte $S_1$, die Gruppe $V_2$ nur in der Sparte $S_2$ und so fort bis zur Gruppe $V_k$, die sich in allen Sparten versichert. Die Anzahl der theoretisch möglichen Gruppenbildung beträgt $k = 2^m - 1$. Bei 10 Versicherungssparten sind demnach 1023 verschiedene Versicherungs-nehmergruppen denkbar, bei 20 Versicherungssparten schon 1048575 Selbst wenn man berücksichtigt, daß von den theoretisch möglichen Gruppenbildungen viele in der Praxis nicht vorkommen, zeigt sich, daß die praktische Anwendung dieses Lösungsvorschlages an der Viel-zahl der Variablen scheitern muß. Es kommt hinzu, daß die strengen Prämissen, auf denen der Lösungsvorschlag beruht, in der Praxis auch nicht annähernd erfüllt sind. So wäre es beispielsweise unmöglich, für eine derart große Anzahl von Versicherungsnehmergruppen zuver-lässige Gruppenkriterien festzustellen.

Es ist bedauerlich, daß dieser Lösungsansatz verworfen werden muß. Theoretisch hat er den großen Vorteil, daß er auf die Ursache der Verbundenheit der Nachfrage zurückgreift, nämlich auf die Tatsache, daß sich bestimmte VN in bestimmten Spartenkombinationen ver-sichern. Insofern würde es sich um eine exakte Lösung handeln.

### 2. Näherungslösung

Die Verbundenheit der Nachfrage ist ein wichtiger Gesichtspunkt bei der Planung des Versicherungsbestandes. Will man den Aussagewert der Bestandsplanung nicht schmälern, so kommt man nicht umhin, diese Einflußgröße zu quantifizieren. Im übrigen fällt man auch dann ein quantitatives Urteil, wenn man diesen Faktor bei der Bestandsplanung vernachlässigt. Man unterstellt dann nämlich, daß eine Verbundenheit der Nachfrage nicht besteht. Dieses Urteil ist mit Sicherheit falsch. Eine Planung, die auf die Berücksichtigung dieser Einflußgröße ganz ver-zichtet, wird deshalb ungenauer sein als eine solche, die sich einer Näherungslösung bedient. Wenn sich der theoretisch befriedigende Lö-sungsvorschlag als nicht praktikabel erweist, sollte man sich deshalb wenigstens um eine Näherungslösung bemühen.

Die im folgenden entwickelte Näherungslösung beruht auf sehr ein-fachen Überlegungen. Bindet ein schlecht verlaufender Versicherungs-zweig gut verlaufende Sparten an sich, so kann dieser Versicherungs-zweig dennoch für die Gesellschaft interessant sein, wenn nämlich die Gewinne aus den anderen Versicherungsabschlüssen den Verlust aus dem untersuchten Versicherungszweig übersteigen. Diese zusätzliche Leistung einer Sparte läßt sich in der Planung einfach und wirksam durch ein Geldäquivalent berücksichtigen. Die Prämieneinnahmen in Sparten, die gute Versicherungsabschlüsse nach sich ziehen, kann man also durch einen angemessenen Zuschlag erhöhen, die Prämieneinnahmen in Sparten, die schlechte Abschlüsse nach sich ziehen, durch einen angemessenen Abzug rechnerisch vermindern. Dadurch wird das Gewicht der einzelnen Sparten gegenüber einer isolierten Betrachtung verschoben, wobei das Gesamtprämienaufkommen aber unverändert bleiben muß.

Für die Ermittlung geeigneter Zu- und Abschläge benötigt man eine Kartei, aus der hervorgeht, welche Versicherungen zu welchen Prämienbeträgen die einzelnen VN abgeschlossen haben. Auch außerhalb der Bestandsplanung ist eine solche Kartei, über die bereits verschiedene Gesellschaften verfügen, recht nützlich. Man kann beispielsweise erkennen, welche VN nur eine oder wenige Versicherungen abgeschlossen haben und hier mit verstärkten Werbebemühungen ansetzen. Ferner läßt sich mit Hilfe einer solchen Kartei die durchschnittliche Versicherungsdichte pro VN der Gesellschaft ermitteln. Diese Zahl, verglichen mit der durch Repräsentativbefragung ermittelten durchschnittlichen Versicherungsdichte außerhalb des Bestandes des VU, ist eine ausgezeichnete Maßgröße dafür, inwieweit es die Gesellschaft verstanden hat, die im eigenen Bestand liegenden Werbemöglichkeiten zu nutzen.

### a) Allgemeine Formulierung

Für unsere Zwecke müssen die in der Kartei enthaltenen Prämienbeträge zu einer Matrix (87) zusammengestellt werden, was im Zeitalter moderner Datenverarbeitungsanlagen keine Schwierigkeiten bereitet:

$$(87) \qquad \begin{pmatrix} 0 & s_{12} & s_{13} & \cdots & s_{1m} \\ s_{21} & 0 & s_{23} & \cdots & s_{2m} \\ s_{31} & s_{32} & 0 & \cdots & s_{3m} \\ \cdot & \cdot & \cdot & \cdots & \cdot \\ s_{m1} & s_{m2} & s_{m3} & \cdots & 0 \end{pmatrix}$$

Die Zahl der Zeilen und Spalten dieser quadratischen Matrix entspricht der Zahl der Versicherungssparten. Die Elemente der ersten Zeile kennzeichnen die Verbundenheit der einzelnen Sparten mit der Sparte $S_1$. $s_{12}$ ist die Prämieneinnahme in der Sparte $S_2$, aber nur von solchen VN, die gleichzeitig auch eine Versicherung in der Sparte $S_1$ abgeschlossen haben. $s_{13}$ ist die Prämieneinnahme in der Sparte $S_3$ von solchen VN, die auch in der Sparte $S_1$ versichert sind. In dieser Weise sind alle Elemente der Matrix zu deuten. Allgemein bedeutet $s_{ij}$ die Prämieneinnahme in der Sparte $S_j$ von solchen VN, die bei dem VU auch eine Versicherung in der Sparte $S_i$ abgeschlossen haben[14].

---

[14] Den Fall, daß ein VN mehrmals in der gleichen Sparte versichert ist,

Es werden jetzt alle Elemente der ersten Zeile durch die Gesamtprämieneinnahme des VU in der Sparte $S_1$ dividiert, alle Elemente
der zweiten Zeile durch die Gesamtprämieneinnahme in der Sparte
$S_2$, ... und alle Elemente der $m$-ten Zeile durch die Gesamtprämieneinnahme in der Sparte $S_m$. Wir erreichen dies durch die Matrizenoperation (88). Hierin sind $P_1$, $P_2$, .., $P_m$ die Gesamtprämieneinnahmen

$$
(88) \quad
\begin{pmatrix}
1/P_1 & 0 & 0 & \ldots & 0 \\
0 & 1/P_2 & 0 & \ldots & 0 \\
0 & 0 & 1/P_3 & \ldots & 0 \\
. & . & . & \ldots & \\
0 & 0 & 0 & \ldots & 1/P_m
\end{pmatrix}
\cdot
\begin{pmatrix}
0 & s_{12} & s_{13} & \ldots & s_{1m} \\
s_{21} & 0 & s_{23} & \ldots & s_{2m} \\
s_{31} & s_{32} & 0 & \ldots & s_{3m} \\
. & . & . & \ldots & \\
s_{m1} & s_{m2} & s_{m3} & \ldots & 0
\end{pmatrix}
=
$$

$$
\begin{pmatrix}
0 & e_{12} & e_{13} & \ldots & e_{1m} \\
e_{21} & 0 & e_{23} & \ldots & e_{2m} \\
e_{31} & e_{32} & 0 & \ldots & e_{3m} \\
. & . & . & \ldots & \\
e_{m1} & e_{m2} & e_{m3} & \ldots & 0
\end{pmatrix}
$$

in den $m$ vom VU betriebenen Versicherungssparten. $e_{12}$ ist somit die
Prämieneinnahme in der Sparte $S_2$, die auf die Dauer und im Durchschnitt mit einer Prämieneinheit der Sparte $S_1$ verbunden ist. Allgemein bedeutet $e_{ij}$ die mit einer Prämieneinheit der Sparte $S_i$ ver-
bundene Prämie in der Sparte $S_j$.

Die neue Matrix, die sich aus der vorstehenden Matrizenoperation
ergeben hat, wird nun mit einem Spaltenvektor multipliziert, dessen
Elemente $g_1$, $g_2$, .., $g_m$ die auf eine Prämieneinheit bezogenen Erwartungsgewinne oder -verluste in den einzelnen Sparten darstellen.
$r_1$, $r_2$, .., $r_m$ sind die mit einer Prämieneinheit verbundenen Erwar-

$$
(89) \quad
\begin{pmatrix}
0 & e_{12} & e_{13} & \ldots & e_{1m} \\
e_{21} & 0 & e_{23} & \ldots & e_{2m} \\
e_{31} & e_{32} & 0 & \ldots & e_{3m} \\
. & . & . & \ldots & \\
e_{m1} & e_{m2} & e_{m3} & \ldots & 0
\end{pmatrix}
\cdot
\begin{pmatrix}
g_1 \\
g_2 \\
g_3 \\
. \\
g_m
\end{pmatrix}
=
\begin{pmatrix}
r_1 \\
r_2 \\
r_3 \\
. \\
r_m
\end{pmatrix}
$$

tungsgewinne und -verluste in den anderen Sparten. Es ist ein nahe-
liegender Gedanke, jede Prämieneinheit der Sparte $S_1$ um $r_1$, jede
Prämieneinheit der Sparte $S_2$ um $r_2$, ... und jede Prämieneinheit
der Sparte $S_m$ um $r_m$ zu korrigieren. Dabei bleibt die Summe aller

---

lassen wir der Einfachheit halber unberücksichtigt. Wir betrachten also nur
die $s_{ij}$ mit $i$ ungleich $j$. Aus diesem Grund sind die Elemente der Haupt-
diagonalen der Ausgangsmatrix (87) gleich 0.

Prämieneinnahmen unverändert. Lediglich das Gewicht der einzelnen Sparten wird verschoben.

## b) Numerisches Beispiel

Die vorstehenden allgemeinen Ausführungen sollen durch ein numerisches Beispiel verdeutlicht werden. Ein VU betreibe die Sparten $S_1$, $S_2$ und $S_3$. Der Versicherungsbestand setze sich wie folgt zusammen:

| Versicherungsnehmer-gruppen | Prämieneinnahmen | | |
|:---:|:---:|:---:|:---:|
| | $S_1$ | $S_2$ | $S_3$ |
| 1 | 20 000 | | |
| 2 | | 10 000 | |
| 3 | | | 10 000 |
| 4 | 20 000 | 10 000 | |
| 5 | 20 000 | | 10 000 |
| 6 | | 10 000 | 10 000 |
| 7 | 20 000 | 10 000 | 10 000 |
| | 80 000 | 40 000 | 40 000 |

Die VN der Gruppe 1 sind nur in der Sparte $S_1$ versichert, die der Gruppe 2 nur in der Sparte $S_2$, ... und die der Gruppe 7 in allen drei Sparten.

Aufgrund dieser Bestandszusammensetzung soll die Matrix (87) aufgestellt werden (Beträge in 1 000):

$$(90) \qquad \begin{pmatrix} 0 & 20 & 20 \\ 40 & 0 & 20 \\ 40 & 20 & 0 \end{pmatrix}$$

Es folgt jetzt die Matrizenoperation (88):

$$(91) \qquad \begin{pmatrix} 1/80 & 0 & 0 \\ 0 & 1/40 & 0 \\ 0 & 0 & 1/40 \end{pmatrix} \cdot \begin{pmatrix} 0 & 20 & 20 \\ 40 & 0 & 20 \\ 40 & 20 & 0 \end{pmatrix} = \begin{pmatrix} 0 & 1/4 & 1/4 \\ 1 & 0 & 1/2 \\ 1 & 1/2 & 0 \end{pmatrix}$$

Die Erwartungsgewinne und -verluste pro Prämieneinheit in den einzelnen Sparten werden mit $-0,10$ für die Sparte $S_1$, mit $0,10$ für die Sparte $S_2$ und mit $0,10$ für die Sparte $S_3$ angenommen. Gemäß (89) folgt jetzt:

$$(92) \qquad \begin{pmatrix} 0 & 1/4 & 1/4 \\ 1 & 0 & 1/2 \\ 1 & 1/2 & 0 \end{pmatrix} \cdot \begin{pmatrix} -0,10 \\ 0,10 \\ 0,10 \end{pmatrix} = \begin{pmatrix} 0,05 \\ -0,05 \\ -0,05 \end{pmatrix}$$

Jede Prämieneinheit ist also in den Sparten $S_1$ um 0,05 zu erhöhen, in den Sparten $S_2$ und $S_3$ um 0,05 zu vermindern. Hierdurch wird

dem Umstand Rechnung getragen, daß Abschlüsse in der verlust-
bringenden Sparte $S_1$ gewinnbringende Versicherungen in den Sparten $S_2$ und $S_3$ nach sich ziehen und umgekehrt.

### 3. Interpretation der Näherungslösung

Die vorgeschlagene Näherungslösung ist nicht mehr als ein erster
Ansatz, der allerdings für eine praktische Anwendung sehr vielver-
sprechend zu sein scheint. Auf diese oder ähnliche Weise könnte man
die Verbundenheit der Nachfrage auch im Produktionsmodell der
Versicherung berücksichtigen. Ist eine Sparte mit gewinnbringenden
anderen Sparten verbunden, so wäre die Prämieneinnahme dieser
Sparte in der Erlösfunktion rechnerisch zu erhöhen. Zieht ein Abschluß
in einer Sparte verlustbringende Abschlüsse in anderen Sparten nach
sich, so wäre die Prämieneinnahme rechnerisch zu vermindern. Die
Summe aller Prämieneinnahmen bleibt unverändert, aber das Gewicht
der einzelnen Sparten wird verschoben. Einige Sparten erscheinen
interessanter, andere weniger interessant als bei einer isolierten Betrachtung ohne Berücksichtigung der Verbundenheit der Nachfrage.
Bemerkenswerterweise scheint man in der Praxis immer nur an den
gewinnerhöhenden, nicht aber auch an den gewinnmindernden Effekt
der Verbundenheit der Nachfrage zu denken.

Der Hauptmangel der Näherungslösung besteht darin, daß mit
Erwartungswerten gerechnet wird. Hierdurch wird der Erwartungsgewinn, den wir mit Hilfe der Nutzentheorie aus der bisherigen Untersuchung ausschalten konnten, in einem Teilbereich durch die Hintertür
wieder eingeführt. Außerdem gibt die Ausgangsmatrix (87) die Verbundenheit der Nachfrage nicht vollständig wieder, da neue Kunden
ihre Versicherungen allein wegen der Kündigungsfristen erst nach und
nach dem betreffenden VU übertragen können. Je größer der Anteil
neuer Kunden ist, desto mehr unausgenutzte Reserven enthält der
Bestand. Kann man unterstellen, daß bei einer gleichmäßig expandie-
renden Gesellschaft der Anteil der neuen Kunden unverändert bleibt,
so ist die Ausgangsmatrix realistisch. Da immer neue Kunden hinzu-
kommen, muß der Bestand immer unausgeschöpfte Reserven enthalten.

Trotz dieser Bedenken scheint die Näherungslösung ein brauchbares
und praktikables Verfahren zu sein, die Verbundenheit der Nachfrage
zu berücksichtigen. Den Grundgedanken, die Prämieneinnahmen in
den einzelnen Sparten durch Zu- und Abschläge rechnerisch zu korrigieren, halten wir für theoretisch unangreifbar. Über die erforderliche
Genauigkeit der rechnerischen Korrekturen kann man allerdings
geteilter Meinung sein. Das aber ist letztlich eine Frage des Abstraktionsgrades des Modelles.

# I. Das Produktionsmodell der Versicherung

Alle bisherigen Überlegungen sollen jetzt in das Modell der Programmplanung, das sogenannte Produktionsmodell, einmünden. Das Produktionsmodell ist ein Entscheidungsmodell, da es die Grundlage für eine unternehmerische Entscheidung liefern soll. Es besteht aus einer Zielfunktion und Nebenbedingungen.

In der Zielfunktion wird die Zielgröße, der Nutzen, in Abhängigkeit von der Bestandsgröße und -zusammensetzung dargestellt. Die Zielfunktion ist unter Beachtung verschiedener Nebenbedingungen zu maximieren. Dabei soll von der Annahme ausgegangen werden, daß die einzelnen Sparten Gruppen homogener Verträge darstellen, die sich durch bloßes Abzählen messen lassen. Es sei nochmals darauf hingewiesen, daß diese Annahme nur getroffen wird, um das Produktionsmodell so einfach wie möglich zu gestalten. Sie ist nicht zwingend notwendig. Mit Hilfe des Erwartungsschadens oder der reinen Nettoprämie lassen sich auch heterogene Verträge gleichnamig machen, so daß man die Homogenitätsbedingung für eine praktische Anwendung des Planungsmodells aufheben kann.

In der Versicherungswirtschaft wie auch in anderen Wirtschaftszweigen gibt es zwei Idealtypen von Unternehmen. Die einen arbeiten nach dem Erwerbsprinzip, die anderen nach dem Bedarfsdeckungsprinzip. Für beide Unternehmensformen ist ein eigenes Produktionsmodell zu entwickeln. Es wird sich zeigen, daß die beiden Modelle nur in einem (allerdings recht wesentlichen) Punkt voneinander abweichen. In diesem Kapitel wird nur das Produktionsmodell des erwerbswirtschaftlichen Versicherers behandelt.

## I. Die Zielfunktion

Die Zielfunktion besteht aus einer abhängigen Variablen, dem Nutzen $U$, und einer oder mehreren unabhängigen Variablen $n_1$, $n_2$ .., $n_m$, die die Zahl der homogenen Verträge in $m$ Sparten kennzeichnen. Gesucht sind diejenigen Werte für $n_1$, $n_2$, .., $n_m$, die den Nutzen maximieren, wobei einige Nebenbedingungen zu beachten sind.

Die funktionalen Beziehungen zwischen Zielgröße und Versicherungsbestand werden bestimmt durch die Kosten, die Erlöse, das Ri-

siko, das Sicherheitskapital und die subjektive Risikobereitschaft des
Unternehmers, die in der Geldnutzenfunktion $u(x)$ zum Ausdruck
kommt. Sieht man Sicherheitskapital und Geldnutzenfunktion als gegeben an, so wird der optimale Versicherungsbestand nur von den
Kosten, den Erlösen und dem Risiko beeinflußt.

### 1. Allgemeine Formulierung

Für die Aufstellung der Zielfunktion ist alle notwendige Vorarbeit
geleistet. Wir brauchen lediglich die Ausdrücke (82) und (84) zusammen-
zuziehen, das Sicherheitskapital $S$ hinzuzufügen und erhalten:

$$(93) \qquad U(n_1, n_2, .., n_m) = \int_0^\infty u \left\{ S - K_f + \sum_{j=1}^m [n_j p_j(n_j) - \right.$$
$$\left. - n_j k_{vj} - y_j] \right\} d [H_1(y_1) * * H_2(y_2) * \ldots * H_m(y_m)]$$

Das ist die zu maximierende Zielfunktion. Hierin bedeutet $U(n_1,
n_2, .., n_m)$ den Nutzen, den die Gesellschaft aus der Produktion von
$n_1, n_2, .., n_m$ Versicherungen in $m$ Sparten zieht. $S$ ist das zu Beginn
der Planungsperiode vorhandene Sicherheitskapital. Es wird um die
Gesamterlöse erhöht, die sich aus Prämien, Nebeneinnahmen und Ver-
mögenserträgen zusammensetzen. Der aus Sicherheitskapital und Erlösen bestehende Fonds wird gemindert um die fixen Kosten, die variablen Kosten sowie um die Nettoschadenkosten. Die Zielfunktion gilt
unter den angenommenen Prämissen für alle erwerbswirtschaftlichen
VU und alle Versicherungszweige. Sie enthält den Einbranchenversicherer als einen Grenzfall ($m = 1$).

Das Kapital, das dem VU am Ende der Planungsperiode zur Verfügung steht, ist das um den Gewinn erhöhte oder um den Verlust
verminderte Anfangskapital. Das Endkapital wird wesentlich durch
die anfallenden Schadenskosten beeinflußt und ist damit zufallsabhängig. Die einzelnen Möglichkeiten gehen nicht mit ihren effektiven
Geldbeträgen, sondern mit ihren Geldnutzen in die Zielfunktion ein
und werden mit den zugehörigen Wahrscheinlichkeiten gewichtet. Der
Nutzen $U(n_1, n_2, .., n_m)$ aus der Produktion von $n_1, n_2, .., n_m$
Versicherungen in $m$ Sparten ist also der Erwartungswert der Geldnutzen der möglichen Endkapitalbeträge. Wichtig hierbei ist, daß das
Risiko in der Zielfunktion nicht nur durch irgendwelche Parameter
der Schadenverteilungen in den einzelnen Sparten Berücksichtigung
findet, sondern durch die Verteilungen selbst. Jede denkbare Aus-
prägung des Risikos ist auf diese Weise in der Zielfunktion enthalten.

Die Zielfunktion enthält zwei Elemente, die nicht mit dem Versicherungsbestand in Zusammenhang stehen und deshalb als gegeben

angenommen werden: die Geldnutzenfunktion $u(x)$ und das Sicherheitskapital. Die Geldnutzenfunktion ist ein operationaler Ausdruck für die subjektive Risikobereitschaft des Unternehmers und kann durch triviale, intuitiv überschaubare Experimente gewonnen werden. Fügt man die Geldnutzenfunktion in ein kompliziertes Produktionsmodell ein, so dient sie dazu, eine Lösung herbeizuführen, die in Übereinstimmung mit dem subjektiven Risikoverhalten des Unternehmers steht. Das zweite nicht vom Versicherungsbestand abhängige Element ist das zu Beginn der Planungsperiode vorhandene Sicherheitskapital. Es ist von entscheidendem Einfluß auf die jeweilige Risikobereitschaft des Unternehmers, die bei der für VU typischen konkaven Geldnutzenfunktion mit wachsender Kapitalausstattung zunimmt.

## 2. Zielfunktion bei Beitragsrückerstattung

Gewährt ein VU Beitragsrückerstattung, so ist die Zielfunktion zu ändern. Der Teil des Überschusses, der als Beitragsrückerstattung an die VN zurückfließt, kann nicht als Gewinn betrachtet werden. Gewinn ist lediglich der Betrag, der dem VU verbleibt. In einer Sparte können trotz hoher Überschüsse nur geringe Gewinne erzielt werden, weil ein Großteil der Überschüsse kraft behördlicher Vorschrift oder aus Wettbewerbsgründen an die VN zurückerstattet werden muß. Damit erklärt sich auch die Zurückhaltung mancher Gesellschaften bei der Förderung der Kraftfahrzeugversicherung.

Man muß zwischen der erfolgsunabhängigen und der erfolgsabhängigen Beitragsrückerstattung unterscheiden. Die erfolgsunabhängige Beitragsrückerstattung wird für schadenfrei verlaufende Risiken gewährt, und zwar ohne Rücksicht darauf, ob in dieser Sparte Überschüsse erzielt worden sind oder nicht. Sie wird vielfach auch Bonus genannt und kann am Ende des Jahres rückerstattet oder als Schadenfreiheitsrabatt auf die Prämie des kommenden Jahres angerechnet werden, was grundsätzlich auf das gleiche hinausläuft.

### a) Erfolgsunabhängige Beitragsrückerstattung

Man kann die Berechtigung einer erfolgsunabhängigen Beitragsrückerstattung in dreifacher Weise begründen. Einmal soll sie verhindern, daß der VN Bagatellschäden meldet. Er wird dies vermeiden, wenn der Schaden niedriger ist als die zu erwartende Rückerstattung. Zum anderen soll das subjektive Risiko verbessert werden, da die Rückerstattung dem VN einen Anreiz zur Schadenverhütung bietet. Schließlich soll die erfolgsunabhängige Beitragsrückerstattung eine nachträgliche Prämiendifferenzierung bewirken. Diese letztere Zielsetzung ist ziemlich fragwürdig.

Der Zufall wirkt sich in nachhaltig guten Teilbeständen ebenso aus wie in nachhaltig schlechten. Ein Bonussystem führt zwar dazu, daß den nachhaltig guten Teilbeständen insgesamt eine höhere Rückvergütung zufließt als den nachhaltig schlechten, weil die Schadenhäufigkeit im einen Falle niedriger, im anderen höher ist. Es hat aber die unerwünschte Nebenwirkung, daß nachhaltig gute Risiken, auf die zufällig ein Schaden entfällt, durch den Wegfall des Bonus ungerechtfertigt benachteiligt werden. Nachhaltig schlechte Risiken, die zufällig schadenfrei bleiben, erhalten dagegen durch den Bonus eine ebenso ungerechtfertigte Belohnung. Die erfolgsunabhängige Beitragsrückerstattung geschieht somit nach einer Art Gießkannenprinzip, das den Bonus auf Gerechte und Ungerechte verteilt. Im übrigen ist ein Bonussystem mit dem Argument der nachträglichen Prämiendifferenzierung dann keinesfalls mehr zu rechtfertigen, wenn die Tarifprämien bereits hinreichend differenziert sind. Wenn die primäre Prämiendifferenzierung gelungen ist, bedarf es keiner sekundären mehr.

Es ist nicht unsere Aufgabe, das Bonussystem im einzelnen zu kritisieren. Insoweit sei auf die ausführliche Diskussion in der Literatur verwiesen[1], die sich zwar hauptsächlich auf die Kraftfahrzeugversicherung bezieht, deren grundsätzliche Aussage aber für alle Sparten mit erfolgsunabhängiger Beitragsrückerstattung gilt. Will man ein Bonussystem in der Zielfunktion berücksichtigen, so empfiehlt es sich, die Beitragsrückerstattungen als eine Art Schadenzahlungen aufzufassen. Dieser Gedanke ist deshalb naheliegend, weil der Bonus ebenso wie der Schaden zufallsabhängig ist. Diejenigen Verträge, die schadenfrei bleiben, sind mit einem Bonus belastet. Man kann deshalb Bonuszahlungen und Schadenvergütungen zusammenfassen. Bei Kenntnis der Schadenzahlverteilung dürfte es auch keine grundsätzlichen Schwierigkeiten bereiten, eine gemeinsame Verteilung für Beitragsrückerstattung und Schadenvergütungen aufzustellen. Geht man in dieser Weise vor, so verändert die Berücksichtigung der erfolgsunabhängigen Beitragsrückerstattung die Zielfunktion formal überhaupt nicht. Unter $y$ ist dann allerdings die Summe aus Beitragsrückerstattung und Nettoschadenvergütungen zu verstehen, während $H(y)$ die Verteilung für die Summe beider stochastischer Variablen darstellt.

---

[1] Vgl. *Braeß*, Paul: Zur Theorie des „Bonus" in der Kraftfahrversicherung, Versicherungswirtschaft 1960, S. 425 ff.; derselbe: Einige theoretische Betrachtungen zum Problem des Bonus in der Kraftfahrtversicherung, Zeitschrift für die gesamte Versicherungswissenschaft 1961, S. 275 ff.; *Gürtler*, Max: Der Bonus als Mittel zur Erfassung des subjektiven Risikos, Zeitschrift für die gesamte Versicherungswissenschaft 1961, S. 15 ff.; *Sachs*, Wolfgang: Der Nutzen des Bonus in der Kraftfahrtversicherung, Versicherungswirtschaft 1961, S. 470 ff.

## b) *Erfolgsabhängige Beitragsrückerstattung*

Eine erfolgsabhängige Beitragsrückerstattung wird nur gewährt, wenn das VU einen Überschuß erzielt hat. Mitunter wird sie an alle VN in der betreffenden Sparte ausgeschüttet, und zwar ohne Rücksicht darauf, ob sie vom Schaden betroffen wurden oder nicht. Oft wird die erfolgsabhängige Beitragsrückerstattung aber auch nur auf die schadenfrei verlaufenden Risiken verteilt. Nach dem Erwerbsprinzip arbeitende VU gewähren grundsätzlich keine solche Rückvergütung, sofern diese nicht zwingend vorgeschrieben ist, wie in der Lebens- und Kraftfahrzeugversicherung. In diesen Sparten ist die Beitragsrückerstattung eine Folge der genehmigungspflichtigen Unternehmenstarife, die den Gesellschaften eine kartellähnliche Stellung einräumen. Damit die VN in ihrer Stellung als Prämienschuldner nicht benachteiligt werden, müssen die Gesellschaften entstehende Überschüsse an die VN zum großen Teil rückerstatten. Dies ist der Ausgleich dafür, daß die Prämie in diesen Sparten dem freien Wettbewerb entzogen ist. Auf diese Weise soll die Entstehung von Kartellrenten verhindert werden.

Die erfolgsabhängige Beitragsrückerstattung hat für ein VU eine ähnliche Auswirkung wie eine Steuer[2]. In der Zielfunktion (93) erscheint der gesamte Überschuß als Gewinn. Das ist für Sparten mit Beitragsrückerstattung unrichtig. Wenn in einer Sparte eine erfolgsabhängige Beitragsrückerstattung von 75% des Überschusses gewährt werden muß, so ist der Gewinn des VU nicht

(94) $$G_j = n_j p_j (n_j) - K_{fj} - n_j k_{vj} - y_j,$$

sondern

(95) $$G_j = \begin{cases} \frac{1}{4} [n_j p_j (n_j) - K_{fj} - n_j k_{vj} - y_j], \\ \text{wenn } y_j < n_j p_j (n_j) - K_{fj} - n_j k_{vj}. \\ [n_j p_j (n_j) - K_{fj} - n_j k_{vj} - y_j] \text{ sonst.} \end{cases}$$

Erzielt das VU einen Überschuß, so beträgt der Gewinn nur 25% dieses Betrages. Ist der Gewinn gleich 0 oder negativ, schließt also das Geschäftsjahr in der betreffenden Sparte ohne Gewinn oder mit einem Verlust ab, so wird keine Rückvergütung gewährt.

Die Zielfunktion für ein VU mit zwei Sparten lautet demnach, wenn für eine Sparte eine erfolgsabhängige Beitragsrückerstattung von 75% des Überschusses vorgesehen ist, wie folgt:

---

[2] Vgl. *Farny*, Dieter: Sicherheitsstreben und Gewinnstreben in der Versicherungswirtschaft, Versicherungswirtschaft 1967, S. 114.

$$U(n_1, n_2) = \int_0^\infty u \left[ S + \varphi_1(y_1) + \varphi_2(y_2) \right] d \left[ H_1(y_1) * H_2(y_2) \right]$$

(96)        $\varphi(y_1) = \begin{cases} {}^{1}\!/_{4} \left[ n_1 p_1(n_1) - K_{f1} - n_1 k_{v1} - y_1 \right], \\ \text{wenn } y_1 < n_1 p_1(n_1) - K_{f1} - n_1 k_{v1} \, . \\ \left[ n_1 p_1(n_1) - K_{f1} - n_1 k_{v1} - y_1 \right] \text{ sonst} \end{cases}$

$\varphi(y_2) = n_2 p_2(n_2) - K_{f2} - n_2 k_{v2} - y_2$

Bemerkenswert ist, daß immer dann, wenn eine erfolgsabhängige Beitragsrückerstattung gewährt wird, eine Aufteilung der fixen Kosten auf die einzelnen Sparten erforderlich ist, da sonst der Überschuß der betreffenden Sparte nicht genau ermittelt werden kann. Hierin liegen aber stets gewisse Willkürlichkeiten.

## II. Die Nebenbedingungen

Die Zielfunktion wird in der Praxis durch verschiedene Nebenbedingungen beschränkt, die den Bereich der zulässigen Lösungen einengen. Der Begriff der Beschränkung ist in der modernen Betriebswirtschaftslehre an die Stelle des Engpaßbegriffes getreten. Zunächst werden alle Nebenbedingungen zusammengetragen, die zu Engpässen werden können. Erst nach der Lösung des Maximumproblems unter Nebenbedingungen stellt sich heraus, welche Nebenbedingungen wirklich einen Engpaß darstellen.

Die in das Produktionsmodell eingehenden Nebenbedingungen kennzeichnen die dem VU in der Planungsperiode zur Verfügung stehenden Mittel und Möglichkeiten. Da diese Mittel, wie etwa der Außendienst, in verschiedenen Sparten eingesetzt werden können, geht es bei der Bestandsplanung letztlich um ihre optimale Aufteilung. Das Produktionsmodell ist die mathematische Formulierung eines Zuteilungsproblems, das auf simultane Weise gelöst werden muß. In der Versicherungswirtschaft sind vor allem absatzwirtschaftliche, kapazitätsmäßige und finanzielle Beschränkungen zu beachten.

Unter absatzwirtschaftlichen Beschränkungen verstehen wir solche, die durch die Marktverhältnisse, also von außen gegeben sind. Es ist nicht möglich, unendlich viele Versicherungen abzuschließen. Die endliche Zahl der versicherbaren Objekte bildet die absolute Höchstgrenze. Für das einzelne Unternehmen sind die Möglichkeiten aber weit geringer, da viele Objekte bereits langfristig bei anderen Gesellschaften versichert sind. Bei einigen Versicherungssparten ist es aus besonderen Gründen beinahe unmöglich, in die Bestände anderer Gesellschaften einzubrechen, wie etwa in der Lebens- und Krankenversicherung sowie bei allen kurzlaufenden Versicherungen. Hier kann sich der Wettbewerb praktisch nur auf neu hinzukommende Risiken konzentrieren.

Der entscheidende Engpaß ist die Kapazität des VU, womit nicht die fast beliebig zu erweiternde Produktionskapazität[3], sondern die Absatzkapazität gemeint ist. Die Versicherungsnachfrage wird, von Ausnahmefällen abgesehen, nicht an das VU herangetragen, das VU muß vielmehr von sich aus an den potentiellen Kunden herantreten und versuchen, ihn zum Abschluß einer Versicherung zu bewegen. Da der Absatz unbedingte Voraussetzung für die Versicherungsproduktion ist, beschränkt eine Nebenbedingung auf dem Absatzbereich auch die Zielfunktion des Produktionsmodells.

Keine Außenorganisation kann eine unbegrenzte Anzahl von Versicherungen in einer bestimmten Periode abschließen. Jeder Versicherungsabschluß nimmt Zeit in Anspruch, und Zeit ist knapp. Gehen wir davon aus, daß ein durchschnittlicher Vertreter in der Woche einen Antrag bringt, so kann man mit 1 000 Vertretern eben nicht mehr als 52 000 Versicherungen im Jahr abschließen. Rechnet man ferner mit 20 000 Abgängen, so ist die Mehrproduktion in der Planungsperiode auf 32 000 Versicherungen beschränkt.

Es ist nicht einfach, die Kapazität des Außendienstes zu quantifizieren. Die Schwierigkeiten entstehen dadurch, daß für einen Versicherungsabschluß in einer Sparte mehr, in anderen Sparten weniger Zeit benötigt wird. Um die Außendienstkapazität in einer für alle Sparten gültigen Zahl auszudrücken, muß man die Verträge gewichten, das heißt in Vielfachen bestimmter Rechnungseinheiten ausdrücken. Zählt eine Kraftfahrzeugversicherung als eine Rechnungseinheit, so sind einer Industriefeuerversicherung bestimmter Größenordnung vielleicht 50 Rechnungseinheiten beizumessen. Wenn ein Vertreter im Jahr 250 Rechnungseinheiten bringt, so sind dies 250 Kraftfahrzeugversicherungen oder 5 Industriefeuerversicherungen oder eine entsprechende Anzahl anderer Verträge. Auf diese Weise ließe sich eine Maßgröße für die gesamte Außenorganisation als Nebenbedingung in das Produktionsmodell einführen. Sie würde etwa besagen, daß der Außendienst nicht in der Lage ist, mehr als 100 000 Rechnungseinheiten an Neuabschlüssen zu bringen.

Schließlich sind noch finanzielle Beschränkungen zu beachten, die sich durch die Vorfinanzierung der Abschlußkosten ergeben. Die Abschlußkosten können insbesondere bei langlaufenden Verträgen eine

---

[3] Vgl. *Braeß*, Angebot und Nachfrage, S. 51; derselbe, Wettbewerbssystem, S. 34; Farny, Produktions- und Kostentheorie, S. 178, mit weiteren Literaturnachweisen.

beachtliche Höhe erreichen. Sie amortisieren sich erst im Laufe der Vertragszeit. Da sie aber im voraus aufzubringen sind, bedarf eine starke Expansion in den betreffenden Sparten einer hohen Kapitalkraft. Die hierfür zur Verfügung stehenden Mittel setzen der Expansion ebenso eine oberste Grenze wie die anderen Beschränkungen.

### III. Die Bedeutung des Produktionsmodells für die Praxis

Das in der vorliegenden Untersuchung entwickelte Produktionsmodell ist verhältnismäßig elementar. Für eine praktische Anwendung müßte man verschiedene Prämissen fallenlassen und das Modell mit konkreten Zahlen füllen. Außerdem wäre eine vorherige experimentelle Erprobung zweckmäßig. Die Ermittlung der erforderlichen Zahlen würde allerdings ein wesentlich besseres Rechnungswesen bedingen, als es zur Zeit verfügbar ist. Erprobung und praktische Anwendung erfordern die Mitwirkung von Fachmathematikern, zumal das Modell nur mit Hilfe neuartiger mathematischer Methoden lösbar ist. Empirisch relevante Modelle werden sehr kompliziert sein. Es ist anzunehmen, daß vielfach nur numerisch-iterative Näherungslösungen möglich sind, wobei die modernen Datenverarbeitungsanlagen unentbehrlich sein dürften.

Trotz seines relativ hohen Abstraktionsgrades weist das Produktionsmodell die beiden Eigenschaften auf, die für eine praktische Anwendung besonders wichtig sind: Es ist simultan und stochastisch. Daß es sich um ein statisches Modell handelt, scheint uns dagegen kein allzu großer Mangel zu sein. Dessenungeachtet werden wir anschließend einige Ansatzpunkte für ein dynamisches Produktionsmodell aufzeigen. Unabhängig von seiner Anwendbarkeit lassen sich aus dem Produktionsmodell in seiner vorliegenden Form drei für die Praxis bedeutsame Schlüsse ziehen.

Zunächst glauben wir, die Ansicht widerlegt zu haben, das Versicherungsangebot eines VU sei schon in der theoretischen Analyse indeterminiert[4]. Das würde bedeuten, daß ein VU selbst unter den strengen Prämissen der Theorie nicht in der Lage wäre, in jeder gegebenen Situation einen optimalen Versicherungsbestand zu bestimmen. Träfe dies zu, so hätten die Planungsbemühungen der Praxis keine rationale Grundlage. Wir meinen gezeigt zu haben, daß ein VU zumindest theoretisch in der Lage ist, seine Bestandspolitik rational zu planen. Selbstverständlich kann das Produktionsmodell wie jedes Entscheidungsmodell in Ausnahmefällen keine oder mehrere Lösungen haben. Das ist jedoch keine Besonderheit und ändert nichts

---

[4] *Farny*, Versicherungsmärkte, S. 114.

an der grundsätzlichen Möglichkeit, den optimalen Versicherungsbestand zu bestimmen.

Dem Modell kann man ferner alle Faktoren entnehmen, die den
optimalen Versicherungsbestand beeinflussen und deshalb in der Planung berücksichtigt werden müssen. Dabei ist vor allem auf die große
Bedeutung der Risikobereitschaft, also eines subjektiven Faktors, hinzuweisen. Hieran zeigt sich, daß ein Versicherungsbestand nicht
schlechthin optimal sein kann, sondern immer nur für ein bestimmtes
Unternehmen. Wichtig ist aber, daß sich die Risikobereitschaft mit
Hilfe der modernen Nutzentheorie formalisieren läßt. Auf diese Weise
kann man das Fingerspitzengefühl des Unternehmers rationalisieren
und die Planung von Widersprüchlichkeiten befreien. Es mag auch ein
überraschendes Ergebnis sein, daß der optimale Versicherungsbestand
vom vorhandenen Sicherheitskapital beeinflußt wird.

Das Produktionsmodell ist selbst in seiner elementaren Form relativ
kompliziert. Es enthält eine Vielzahl von Variablen, die sich gegenseitig beeinflussen. Bei einer gegebenen Kapazität ist die Förderung
einer Sparte nur auf Kosten der anderen Sparten möglich. Jede Be-
standsänderung in einer Sparte hat also Auswirkungen auf die anderen Versicherungszweige. Aus diesem und anderen Gründen ist selbst
das elementare Produktionsmodell intuitiv nicht mehr überschaubar.
Hieraus folgt, daß eine Bestandsplanung in der Versicherungswirtschaft, die auf mehr oder weniger intuitiven Grundlagen beruht, kein
sehr hohes qualitatives Niveau haben kann. Man sollte deshalb bemüht
sein, die Planung so weit wie möglich auszubauen. Der nicht quanti-
fizierbare Rest, der einer intuitiven Entscheidung überlassen bleiben
muß, ist immer noch groß genug, zumal wenn man berücksichtigt, daß
auch die Planung selbst wirtschaftlich sein muß.


## IV. Ansatzpunkte für ein dynamisches Produktionsmodell

Das in der vorliegenden Untersuchung entwickelte Produktionsmodell ist statischer Natur. Es berücksichtigt nur eine Planungsperiode.
Außerdem werden, wie für statische Modelle typisch, alle Beträge auf
einen Zeitpunkt bezogen. Wenn man die gesamten Kosten einer Periode
einfach von den gesamten Erlösen abzieht, verhält man sich, als ob
alle Erlöse zu einem bestimmten Zeitpunkt bei der Gesellschaft eingehen und alle Kosten zum selben Zeitpunkt anfallen würden. In
Wirklichkeit fließen die Erlöse der Gesellschaft nach und nach zu, die
Kosten fallen nach und nach an.

Es ist keineswegs gleichgültig, wann die einzelnen Beträge ein- und
ausgehen. Eine solche statische Betrachtungsweise vernachlässigt den

Zinseffekt und die Möglichkeit des Ruins der Gesellschaft innerhalb der Rechnungsperiode. Ersteres mag man noch hinnehmen, letzteres ist eine sehr starke Vereinfachung, die sich nur damit rechtfertigen läßt, daß das statische Produktionsmodell nur für eine Rechnungsperiode gilt und zu Beginn jeder folgenden Rechnungsperiode neu aufzustellen ist.

Trotzdem kann der Fall eintreten, daß am Anfang der Rechnungsperiode viele Schäden zu zahlen sind und nur wenig Prämien eingehen. In der Mitte der Rechnungsperiode ist die Differenz zwischen Sicherheitskapital und Erlösen einerseits und den Kosten einschließlich der Schadenkosten andererseits negativ, der Ruin des Versicherungsgeschäftes ist eingetreten. In der zweiten Hälfte der Planungsperiode verläuft die Entwicklung vielleicht umgekehrt, so daß eine positive Schlußdifferenz verbleibt. Das statische Produktionsmodell berücksichtigt nur diese positive Schlußdifferenz, nicht aber den Ruinfall während der Planungsperiode.

Es war zu erwarten, daß die Versicherungsmathematik, die lange Zeit nur auf statischer Basis mit der Nutzentheorie operiert hat, eines Tages auch dynamische Nutzenmodelle erarbeiten würde. Dies ist in jüngster Zeit durch Borch[5] und Wolff[6] geschehen, wenn auch nur in ersten Ansätzen. Im folgenden sei kurz skizziert, welche Überlegungen solchen dynamischen Modellen zugrunde liegen.

Betrachtet man die Versicherungsproduktion im Zeitablauf, so ist es nicht gleichgültig, wann die einzelnen Beträge fällig werden. Um Beträge mit unterschiedlicher Fälligkeit zu vergleichen, muß man sie auf einen Zeitpunkt abdiskontieren. Ferner ist die Versicherungsproduktion als ein stochastischer Prozeß anzusehen. Der Gesellschaft fließt ein mehr oder weniger gleichmäßiger Strom von Erlösen zu, während andererseits von Zeit zu Zeit Zufallsereignisse eintreten, die zu Schadenzahlungen führen. Die übrigen Kosten kann man als gleichmäßig ausgehende Beträge ansehen. Nimmt das Kapital der Gesellschaft negative Werte an, ist der Ruinfall eingetreten. Man braucht nicht unbedingt davon auszugehen, daß die Gesellschaft schon beim geringsten Fehlbetrag ihre Tätigkeit einstellen muß[7], bei einer gewissen Größenordnung wird der Ruinfall aber zum Konkurs des Unternehmens führen. Man muß ferner annehmen, daß die Gesellschaft Dividenden auszahlen wird. Jede Dividendenzahlung mindert aber das dem Unternehmen zur Verfügung stehende Kapital und

---

[5] *Borch*, Control of a portfolio, S. 59 ff.; derselbe, reformulation of some problems.

[6] *Wolff*, collective theory of risk, S. 6 ff.; derselbe, Methoden, S. 214 ff.

[7] *Wolff*, Methoden, S. 219.

erhöht damit die Ruinwahrscheinlichkeit. Die dynamische Betrachtungsweise der Versicherungsproduktion ist gegenüber der statischen also um drei wesentliche Punkte erweitert: die unterschiedliche Fälligkeit der einzelnen Beträge, die Ruinwahrscheinlichkeit und die Dividendenpolitik.

Das eigentliche Problem im dynamischen Modell besteht in der Bestimmung der optimalen Dividendenpolitik[8]. Ein VU habe ein Anfangskapital von $S_0$ sowie einen Bestand mit der Gesamtprämie $P$ und der Gesamtschadenverteilung $F(z)$. Sonstige Kosten fallen nicht an. Die Gesellschaft hat in der Anfangsposition nach dem Bernoulliprinzip einen Nutzen von

$$(97) \qquad U(S_0) = \int_0^\infty u(S_0 + P - z)\, dF(z).$$

Nach Ablauf der ersten Planungsperiode verbleibt dem VU ein Kapital $S_1$, von dem eine Dividende $s_1$ ausgeschüttet wird. Der Bestand soll gleichbleiben. Der Nutzen der Gesellschaft in der nächsten Periode wird sein:

$$(98) \qquad U(S_1 - s_1) = \int_0^\infty u(S_1 - s_1 + P - z)\, dF(z)$$

Der Nutzen des isoliert betrachteten Versicherungsgeschäftes nimmt also mit steigenden Dividenden ab. Andererseits ist die Gesellschaft aber auch an hohen Dividenden interessiert, die sozusagen einen mit dem Nutzen des Versicherungsgeschäftes konkurrierenden Eigennutzen haben. Die Gesellschaft braucht deshalb für die Menge der Paare $[s_1, U(S_1 - s_1)]$ eine Präferenzordnung, die ebenfalls durch eine Nutzenfunktion gegeben sein muß:

$$(99) \qquad V[s_1, U(S_1 - s_1)]$$

Das Problem besteht darin, $s_1$ so zu bestimmen, daß der Nutzen $V[s_1, U(S_1 - s_1)]$ maximiert wird. Nach Wolff[9] wird dieser Nutzen bestimmt durch den Ruinnutzen und den Dividendennutzen, die es in Einklang zu bringen gilt.

Dehnt man die Betrachtung auf mehrere Perioden aus, so ist diejenige Dividendenfolge $s_1, s_2, .., s_t$ zu bestimmen, die den Nutzen

$$(100) \qquad V[s_1, s_2, .., s_t, U(S_t - s_t)]$$

maximiert. $s_1, s_2, .., s_t$ sind eine Folge stochastischer Variabler.

---

[8] Vgl. zu den folgenden Ausführungen *Borch*, reformulation of some problems, Abschnitt 5.2 ff.

[9] *Wolff*, collective theory of risk, S. 10; derselbe, Methoden, S. 239.

Es geht also darum, das Bernoulliprinzip auf stochastische Prozesse anzuwenden. In einem dynamischen Produktionsmodell ist somit nicht der Nutzen des Versicherungsgeschäftes zu maximieren, sondern ein kombinierter Nutzen aus Versicherungsgeschäft und Dividendenzahlung. Hiermit sind erhebliche mathematische Komplikationen verbunden.

# J. Besonderheiten der Versicherungsvereine
## und der öffentlich-rechtlichen Versicherungsanstalten

In den vorstehenden Kapiteln wurde das Produktionsmodell für idealtypische erwerbswirtschaftliche Versicherer entwickelt. Es weist die Bestandsgröße und -zusammensetzung aus, die den Nutzen des VU unter Geltung bestimmter Nebenbedingungen maximiert. Das institutionelle Ziel bedarfswirtschaftlicher Versicherer besteht in der optimalen Bedarfsdeckung. Versicherungsvereine und öffentlich-rechtliche Versicherungsanstalten dürfen also nicht ihren eigenen Nutzen maximieren, ihr Ziel besteht vielmehr darin, den Nutzen der VN zu mehren. Um zeigen zu können, inwieweit sich das Produktionsmodell bedarfswirtschaftlicher Versicherer von dem erwerbswirtschaftlicher Versicherer unterscheidet, muß untersucht werden, welchen Nutzen ein VN aus dem Abschluß einer Versicherung zieht, wovon der Nutzen abhängt und wie er erhöht werden kann.

## I. Der Nutzen des Versicherungsnehmers

Eine Person habe ein Vermögen $A^1$. Dieses Vermögen ist von einer Gefahr, beispielsweise der Feuersgefahr, bedroht, die zu Verlusten führen kann. Die möglichen Verluste sind eine Zufallsvariable $X$ mit der Verteilung $F(x)$. Nach dem Bernoulliprinzip hat die Person in der Ausgangssituation einen Nutzen von

$$(101) \qquad U_1 = \int_0^A u\,(A - x)\,dF\,(x)$$

Schließt die Person eine Versicherung ab, so verwandelt sich die hohe ungewisse Verlustmöglichkeit in einen kleinen sicheren Verlust, die Prämie $p$. Dies gilt aber lediglich unter der Voraussetzung, daß das Schutzversprechen des Versicherers sicher ist. Nur dann hat die Person nach dem Versicherungsabschluß einen Nutzen von

$$(102) \qquad U_2 = u\,(A - p)$$

---

[1] Vgl. zu den folgenden Ausführungen dieses Abschnittes auch *Borch*, objectives, S. 168.

Natürlich ist $U_2 > U_1$, sonst wäre die Versicherung nicht abgeschlossen worden. Die Differenz zwischen $U_2$ und $U_1$ ist der Nutzen, den der VN aus dem Abschluß der Versicherung zieht. Er ist bei einem gegebenen Vermögen $A$ und einer gegebenen Einzelschadenverteilung $F(x)$ nur von der Prämie $p$ abhängig. Je niedriger die Prämie, desto höher ist der Nutzen des VN.

Wenn das VU nach dem Prinzip der festen Prämie arbeitet, eine Nachschußerhebung also de facto oder de jure ausgeschlossen ist, wird es seine Prämienforderung um einen Sicherheitszuschlag erhöhen, um Verluste aus dem trotz Rückversicherung verbleibenden versicherungstechnischen Risiko finanzieren zu können. Der Sicherheitszuschlag führt auf die Dauer und im Durchschnitt zu Überschüssen, die bei bedarfswirtschaftlichen VU den VN zustehen, soweit sie nicht dazu dienen, Sicherheitskapital anzusammeln.

Besteht für den VN die Möglichkeit, eine Beitragsrückerstattung $r$ zu erhalten, so ist sein Nutzen nach Versicherungsnahme

$$(103) \qquad U_3 = \int\limits_0^P u\,(A - p + r)\, dF\,(r)$$

Da die Beitragsrückerstattung aus Überschüssen finanziert wird, ist sie eine stochastische Variable. Ihre Verteilung sei $F(r)$. Erhebt der Versicherer eine feste gleichbleibende Prämie, so ist der Nutzen des VN nur von der Beitragsrückerstattung und deren Verteilung abhängig.

## II. Das Unternehmensziel
### bedarfswirtschaftlicher Versicherer

Da der Überschuß bei bedarfswirtschaftlichen Versicherern letztlich den VN zusteht, gibt es im Gegensatz zu den erwerbswirtschaftlichen VU keinen Unterschied zwischen Überschuß und Gewinn. Würde ein bedarfswirtschaftlicher Versicherer jedoch stets alle Überschüsse rückerstatten, so könnte er, da er praktisch ausschließlich auf Selbstfinanzierung angewiesen ist, kein Sicherheitskapital ansammeln. Hierdurch würde die Unternehmenssicherheit entscheidend beeinträchtigt, was wiederum dem VN nicht gleichgültig sein kann. Die Substitution der hohen ungewissen Verlustmöglichkeit durch eine feste Prämie ist nur dann vollkommen, wenn das Schutzversprechen des VU sicher ist. Infolgedessen liegt es auch im Interesse des VN, wenn ein Teil der Überschüsse als Sicherheitskapital im VU verbleibt. Hier zeigt sich, daß die Selbstfinanzierung in der Versicherungswirtschaft anders beurteilt werden muß als in den übrigen Wirtschaftszweigen.

Die optimale Aufteilung der Überschüsse auf VN und VU kann nur in einem dynamischen Modell behandelt werden. Bei statischer Betrachtungsweise ist davon auszugehen, daß das VU bereits über ein ausreichendes Sicherheitskapital verfügt und somit den gesamten Überschuß rückerstatten muß.

### 1. Das Unternehmensziel im statischen Modell

Ziel eines bedarfswirtschaftlichen Versicherers ist es, den Nutzen der VN zu mehren. Der Nutzen der VN hängt bei festen gleichbleibenden Prämien und bei gegebener Sicherheit des Schutzversprechens nur von der Beitragsrückerstattung ab, die aus den Überschüssen finanziert wird. Das Ziel eines bedarfswirtschaftlichen Versicherers besteht bei deterministischer Betrachtung also in der Überschußmaximierung, die sich von der Gewinnmaximierung erwerbswirtschaftlicher Unternehmen allerdings in einem wesentlichen Punkt unterscheiden muß. Es darf nicht der Gesamtüberschuß maximiert werden, das bedarfswirtschaftliche VU muß vielmehr bestrebt sein, den auf die einzelnen Verträge entfallenden Überschuß, also den durchschnittlichen Überschuß zu erhöhen. Nur so wird sichergestellt, daß die einzelnen VN die höchstmögliche Beitragsrückerstattung erhalten. Die Erkenntnis, daß die Produktionsmenge, die zum höchsten Gesamtgewinn führt, keineswegs mit der Produktionsmenge identisch sein braucht, die den höchsten Gewinn pro Einheit ergibt, gehört zum gesicherten Bestand der Wirtschaftswissenschaften. Der Beweis findet sich in jedem einschlägigen Lehrbuch und braucht hier nicht wiederholt zu werden.

In einer Beziehung ergibt sich für ein bedarfswirtschaftliches VU jedoch die gleiche Situation wie für ein erwerbswirtschaftliches: Der Überschuß ist keine determinierte, nur vom Versicherungsbestand abhängige Größe, sondern eine stochastische Variable. Auch ein bedarfswirtschaftliches VU muß zwischen hohen unsicheren und niedrigen sicheren Überschüssen wählen. Somit ist das Unternehmensziel eines bedarfswirtschaftlichen Versicherers bei stochastischer Betrachtung ebenfalls nur mit Hilfe der Nutzentheorie sinnvoll als Maximumproblem zu definieren. Dabei darf man unterstellen, daß Überschüsse und Unterschüsse von einem bedarfswirtschaftlichen Versicherer ebenso eingeschätzt werden wie Gewinne und Verluste von einem erwerbswirtschaftlichen VU.

Formuliert man das Unternehmensziel eines bedarfswirtschaftlichen Versicherers als Nutzenmaximierung, so gelten ähnliche Überlegungen wie bei der deterministischen Betrachtung. Der Nutzen aus dem Versicherungsgeschäft muß gleichsam auf die VN verteilt werden, wie auch der erzielte Überschuß auf die VN zu verteilen ist. Deshalb muß ein bedarfswirtschaftliches VU eine Nutzenmaximierung besonderer Art betreiben, es muß den durchschnittlichen Nutzen, also den Nutzen pro Vertrag und nicht den Gesamtnutzen maximieren.

Gesetzt, der Gesamtnutzen in Abhängigkeit von einem homogenen Versicherungsbestand stellt eine Funktion dar, die mit der Gesamtertragsfunktion des Ertragsgesetzes übereinstimmt. Es ergeben sich mit wachsendem Bestand also zunächst steigende, dann fallende und schließlich sogar negative Nutzenzuwächse. Für diesen Fall läßt sich deutlich zeigen, daß der Bestand mit dem höchsten Gesamtnutzen nicht auch der Bestand mit dem höchsten Durchschnittsnutzen ist:

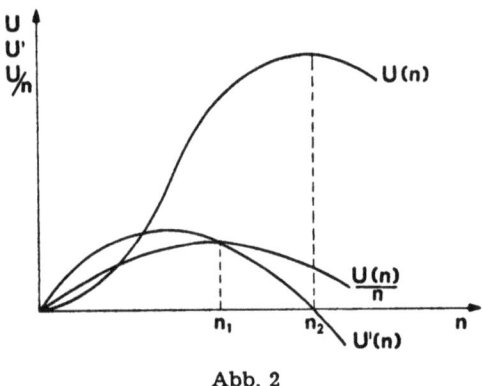

Abb. 2

Solange der Grenznutzen $U'(n)$ höher ist als der Durchschnittsnutzen $\frac{U(n)}{n}$, ergibt sich mit jeder Bestandserhöhung eine Erhöhung des Durchschnittsnutzens. Bei einer Bestandsgröße $n_1$ schneiden sich Grenznutzen- und Durchschnittsnutzenkurve. Bei diesem Bestand erreicht der Durchschnittsnutzen sein Maximum, ihn muß das bedarfswirtschaftliche VU anstreben. Der Gesamtnutzen $U(n)$ steigt jedoch weiterhin, und zwar so lange, bis der Grenznutzen negativ wird. Dies ist der Fall bei dem Bestand $n_2$. Ihn hat das erwerbswirtschaftliche VU anzustreben.

Die Zielfunktion eines bedarfswirtschaftlichen Einbranchenversicherers lautet demnach in Anlehnung an (93) wie folgt:

$$(104) \qquad \frac{U(n)}{n} = \frac{\int\limits_{0}^{\infty} u\,[S + np\,(n) - K_f - nk_v - y]\,dH\,(y)}{n}$$

Für den Mehrbranchenversicherer ist es erforderlich, die $n_1$, $n_2$, .., $n_m$ Verträge in $m$ Sparten gleichnamig zu machen, damit die im Nenner des Bruches stehenden Zahlen addiert werden können. Dies kann mit Hilfe des Erwartungsschadens oder der reinen Nettoprämie geschehen.

## 2. Das Unternehmensziel im dynamischen Modell

Beim Übergang zur dynamischen Betrachtungsweise sind wie beim erwerbswirtschaftlichen Versicherer der Zins und die Ruinwahrscheinlichkeit zu berücksichtigen. Das ist keine Besonderheit. An die Stelle der optimalen Dividendenpolitik tritt beim bedarfswirtschaftlichen Versicherer jedoch die optimale Überschußpolitik.

Der Überschuß kann voll an die VN rückerstattet werden, er kann aber auch dazu dienen, Sicherheitskapital anzusammeln. Je höher das Sicherheitskapital, desto geringer ist die Ruinwahrscheinlichkeit, desto sicherer ist das Schutzversprechen. Der VN ist also nicht nur an der Beitragsrückerstattung, sondern auch an der Bildung von Sicherheitskapital interessiert. Mit wachsender Kapitalausstattung steigt die Qualität des Gutes Versicherungsschutz, das der VN vom Versicherer erwirbt.

Aus (104) ist ersichtlich, daß der Durchschnittsnutzen aus der Versicherungsproduktion mit wachsender Kapitalausstattung steigt. Hierin kommt unter anderem zum Ausdruck, daß der Versicherer mit größerem Sicherheitskapital einen besseren Versicherungsschutz bieten kann. Andererseits ist der Nutzen des VN, wie gezeigt wurde, aber auch von der Beitragsrückerstattung $r$ abhängig. Der bedarfswirtschaftliche Versicherer muß also bei dynamischer Betrachtungsweise einen kombinierten Nutzen

$$(105) \qquad V(r_1, r_2, .., r_t, \frac{U(S_t - r_t)}{n})$$

maximieren. Hierin sind $r_1$, $r_2$, .., $r_t$ die Beitragsrückerstattungen in den betrachteten Perioden, also eine Folge stochastischer Variabler. $\frac{U(S_t - rt)}{n}$ ist der Durchschnittsnutzen der Versicherungsproduktion unter der Voraussetzung, daß in $t$ Perioden Beitragsrückerstattungen $\geqq 0$ gezahlt werden. Die dynamische Betrachtungsweise führt auch bei bedarfswirtschaftlichen VU zu beträchtlichen mathematischen Komplikationen, weshalb wir es bei diesen kurzen Hinweisen bewenden lassen.

# K. Zusammenfassung

Wenn eine Gesellschaft die Bestandspolitik nicht im voraus plant und die Bestandsentwicklung dem Zufall überläßt, hat sie wenig Aussicht, den für sie optimalen Versicherungsbestand zu erreichen. In der vorliegenden Arbeit wurde der Versuch unternommen, die theoretischen Grundlagen einer Bestandsplanung in der Versicherung darzustellen. Das sich ergebende Modell der Programmplanung heißt Produktionsmodell. Es beinhaltet gleichzeitig das optimale Absatzprogramm, da in der Versicherung Produktion und Absatz nicht auseinanderfallen können. Die Versicherungsproduktion beginnt vielmehr mit dem Absatz.

Die Programmplanung soll diejenige Bestandsgröße und -zusammensetzung ergeben, die das Unternehmensziel unter Berücksichtigung der dem Unternehmen gesetzten Grenzen maximiert. Mathematisch gesehen handelt es sich um ein Zuteilungsproblem, da es gilt, die beschränkten Mittel zur bestmöglichen Zweckerfüllung optimal zu verteilen.

Bei der Untersuchung der Unternehmensziele, die der Aufstellung des Produktionsmodells voranzugehen hat, muß man zwischen der volkswirtschaftlichen Aufgabe und den Zielen eines Unternehmens sowie den Motiven des Unternehmers unterscheiden. Es handelt sich hierbei um drei verschiedene Begriffsebenen, die zueinander in einer Zweck-Mittel-Relation stehen. In der Entscheidungstheorie interessieren nur die Ziele des Unternehmens.

Die modelltheoretische Betrachtungsweise erfordert die Beschränkung auf wenige idealtypische Unternehmensziele. Hierzu bietet sich das institutionelle Ziel der Unternehmen an, das bei erwerbswirtschaftlichen Unternehmen in der Gewinnmaximierung, bei bedarfswirtschaftlichen Unternehmen dagegen in der optimalen Bedarfsdeckung besteht. Erwerbswirtschaftlich sind die Versicherungsaktiengesellschaften, bedarfswirtschaftlich sind die Versicherungsvereine und die öffentlich-rechtlichen Versicherungsanstalten. Es ist klar, daß die unterschiedliche Zielsetzung auch zu verschiedenen Produktionsmodellen führen muß.

Der Gewinn eines VU ist keine determinierte Größe, sondern eine Zufallsvariable. Der Hauptgrund hierfür ist der stochastische Charakter der Schadenkosten. Der Risikoausgleich im Kollektiv gelingt immer

nur unvollkommen. Es gibt keine unendlich großen Versicherungsbestände. Schwankende Grundwahrscheinlichkeiten, Kumul, Wahrscheinlichkeitsansteckung und Schätzfehler behindern den Risikoausgleich
zusätzlich. Die Folge ist, daß der tatsächliche Schadenanfall von der
geplanten Nettoprämie mehr oder weniger stark abweichen kann.
Einem gegebenen Versicherungsbestand läßt sich deshalb ex ante kein
bestimmter Gewinn zuordnen, sondern nur eine Reihe von Gewinnmöglichkeiten mit den zugehörigen Wahrscheinlichkeiten. Damit stellt
sich das Problem des Risikos.

Ein VU muß zwischen hohen Gewinnen mit hohem Risiko und
niedrigen Gewinnen mit niedrigem Risiko wählen, es befindet sich in
einer Risikosituation. Sobald das Risiko in die Betrachtung einbezogen
wird, tritt neben das Gewinnstreben das Sicherheitsstreben als zusätzliches, aber sekundäres Unternehmensziel, sekundär deshalb, weil
Sicherheit nicht um ihrer selbst willen, sondern nur im Hinblick auf
die Gewinnmöglichkeiten angestrebt wird.

Gewinnstreben und Sicherheitsstreben stehen in Widerspruch zueinander. Eine höhere Gewinnerwartung ist im allgemeinen nur auf Kosten der Sicherheit zu erreichen und umgekehrt. Damit ergibt sich die
Aufgabe, beide Ziele zu koordinieren. Das kann durch sukzessive
und simultane Methoden geschehen. Bei den sukzessiven Methoden
wird eine der beiden Zielgrößen als Datum fixiert und die andere maximiert. Das ist immer willkürlich und wirklichkeitsfremd. Man muß
vielmehr versuchen, beide Ziele simultan einem gemeinsamen Optimum zuzuführen.

Hierfür gibt es zwei verschiedene Möglichkeiten. Die erste besteht
in einem Entscheidungsmodell unter mehrfacher Zielsetzung. Es hat
den Nachteil, daß es nur in Ausnahmefällen eine eindeutige Lösung
liefert. Dieser Nachteil ist logischer Natur und damit unüberwindbar.
Will man eindeutige Lösungen erhalten, so muß man beide Unternehmensziele zu einer Zielgröße zusammenfassen. Das ist beim heutigen
Stand wissenschaftlicher Erkenntnis nur durch den spieltheoretischen
Begriff des Nutzens möglich.

Die Nutzentheorie geht aus von degenerierten Risikosituationen,
die sich in bestimmten sicheren Geldbeträgen äußern. Jedem solchen
Geldbetrag läßt sich in Entscheidungsspielen ein bestimmter Nutzen-
index zuordnen, wobei die Wahrscheinlichkeit als Maßgröße dient.
Dieses Verfahren führt zur Geldnutzenfunktion, die den operationalen
Ausdruck für die Risikobereitschaft des Unternehmers darstellt. Mit
Hilfe des Bernoulliprinzips kann man jede beliebige Risikosituation,
also auch solche komplizierter und intuitiv nicht mehr überschaubarer
Art, durch eine einzige Maßgröße, nämlich den Nutzen, messen. Diese

Messung stimmt mit der subjektiven Risikobereitschaft des Unternehmers überein.

Somit reduziert sich das Problem auf ein Entscheidungsmodell unter einfacher Zielsetzung, der Nutzenmaximierung. Der Nutzen eines VU hängt ab von der Geldnutzenfunktion, dem Sicherheitskapital, den Kosten und den Erlösen, wobei die Schadenkosten einem arteigenen Risiko, dem sogenannten versicherungstechnischen Risiko, unterliegen. Geldnutzenfunktion und Sicherheitskapital werden bei statischer Betrachtungsweise als gegeben angenommen.

Bei der Untersuchung der Zusammenhänge zwischen Bestand und Kosten ist von der Produktionsfunktion auszugehen, die die mengenmäßigen Beziehungen zwischen Faktorertrag und Faktoreinsatz wiedergibt. Untersucht man die Gesetze, nach denen sich die Kombination produktiver Faktoren im Versicherungsbetrieb vollzieht, so muß man berücksichtigen, daß das Gut Versicherungsschutz wie jedes andere Gut eine Quantität und eine Qualität hat. Die Quantität ist der Erwartungsschaden oder bei homogenen Verträgen die Vertragsstückzahl, die Qualität ist die Unternehmenssicherheit. Die Produktionsfunktion enthält nur quantitative Beziehungen, das bedeutet, daß die Unternehmenssicherheit als konstant angenommen werden muß. Unter diesem Aspekt gibt es in der Versicherungswirtschaft drei limitationale Produktionsfaktoren, die Arbeitsleistungen, die Betriebsmittel und die Schadenvergütungen, sowie zwei substitutionale Produktionsfaktoren, das Sicherheitskapital und die Rückversicherung. Hinzu kommt der dispositive Faktor, der die Kombination der genannten Elementarfaktoren zu steuern hat. Die Kosten ergeben sich durch Bewertung der Faktoreinsatzmengen, wodurch man die Kostenfunktion erhält. Der stochastische Charakter der Schadenkosten macht es erforderlich, die Kostenfunktion durch eine Nutzenfunktion zu ersetzen. Die Minimalkostenkombination unterstellt, ist jeder beliebigen Produktionsmenge ein und nur ein Nutzen der Kosten zugeordnet.

Auch die Erlöse sind in Abhängigkeit von der Bestandsgröße und -zusammensetzung darzustellen. Ein VU hat drei versicherungstechnische Erlösquellen, die Prämieneinnahmen, die Nebeneinnahmen, das sind Gebühren und Führungsprovisionen, sowie die Vermögenserträge aus der Vorfinanzierung. Zur Aufstellung einer Gesamterlösfunktion muß man annehmen, daß jedem Bestand eine bestimmte Erlösmenge zugeordnet werden kann. Das ist zweifellos eine weitgehende Annahme, da der Erlös in der Versicherungswirtschaft vielfach stochastischen Charakter haben dürfte. Eine genaue Untersuchung dieser Frage bedürfte einer Preistheorie der Versicherung, die heute nur in Ansätzen vorhanden ist. Eine besondere Schwierigkeit ergibt sich durch die Verbundenheit der Nachfrage. Die meisten VN treten als Nachfrager nach Versicherungsschutz in verschiedenen Sparten auf. Aus diesem Grund kann ein Abschluß in einer Sparte Abschlüsse in anderen Sparten nach sich ziehen. Ein Abschluß kann also selbst dann vorteilhaft sein, wenn die betreffende Sparte verlustbringend ist. Die Verbundenheit der Nachfrage läßt sich durch geeignete rechnerische Korrekturen der Prämieneinnahmen in den einzelnen Sparten berücksichtigen, wovon die Gesamtprämieneinnahme aber unberührt bleiben muß.

Alle diese Überlegungen führen zu der Zielfunktion der erwerbswirtschaftlichen VU. Die abhängige Variable ist der Nutzen, die unabhängigen Variablen sind die $n_1$, $n_2$, .., $n_m$ Verträge in den $m$ Sparten. Der Nutzen ist also nur von der Bestandsgröße und -zusammensetzung abhängig. Die Zielfunktion ist zu maximieren, wobei verschiedene Nebenbedingungen absatzwirtschaftlicher, kapazitätsmäßiger und finanzieller Art zu beachten sind. Die Nebenbedingungen engen den Bereich der zulässigen Lösungen ein. Die Beschränkungen führen dazu, daß die Erhöhung einer Variablen nur auf Kosten der anderen Variablen möglich ist. Eine Prämiensteigerung in der Feuerversicherung bedeutet immer einen Verzicht auf Prämiensteigerung in anderen Sparten, die mit Hilfe der für die Förderung der Feuerversicherung eingesetzten Mittel möglich gewesen wäre. Insoweit bestehen zwischen den unabhängigen Variablen wechselseitige Beziehungen. Das entwickelte Produktionsmodell führt auf simultane Weise zu einem relativen Totaloptimum, relativ deshalb, weil nur ein isolierter Teilbereich der betrieblichen Tätigkeit betrachtet wird.

Es wurden nur VU untersucht, die feste Prämien vereinbaren. Allerdings hätte es eine unzulässige Vereinfachung bedeutet, wäre die Beitragsrückerstattung übersehen worden. Bei erwerbswirtschaftlichen VU, die Beitragsrückerstattung gewähren, muß man zwischen Überschüssen und Gewinnen unterscheiden. Gewinn ist nur der Teil des Überschusses, der dem Unternehmen verbleibt und nicht an die VN rückvergütet wird. Die Beitragsrückerstattung muß in der Zielfunktion berücksichtigt werden. Dabei ist zwischen erfolgsunabhängiger und erfolgsabhängiger Beitragsrückerstattung zu unterscheiden. Letztere führt zu einer formalen Änderung der Zielfunktion erwerbswirtschaftlicher VU.

Die Besonderheiten der Versicherungsvereine und der öffentlichrechtlichen Versicherungsanstalten, also der bedarfswirtschaftlichen Versicherer, werden deutlich, wenn man von der Prämisse vollkommener Voraussicht ausgeht. Ein erwerbswirtschaftliches VU betreibt unter dieser Voraussetzung Maximierung des Gesamtgewinns, ein bedarfswirtschaftliches VU Maximierung des Überschusses pro Vertrag. Es ist aus der ökonomischen Theorie wohlbekannt, daß der Bestand mit dem höchsten Gesamtgewinn keineswegs auch der Bestand mit dem höchsten Überschuß pro Vertrag zu sein braucht. Zieht man das Risiko in die Betrachtung ein, so betreibt ein erwerbswirtschaftliches VU Maximierung des Gesamtnutzens, ein bedarfswirtschaftliches VU dagegen Maximierung des Durchschnittsnutzens pro Vertrag. Bei bedarfswirtschaftlichen VU besteht kein Unterschied zwischen Überschuß und Gewinn, da letztlich aller Überschuß den VN zusteht.

Die entwickelten Produktionsmodelle für erwerbswirtschaftliche und bedarfswirtschaftliche VU wurden bewußt so einfach wie möglich gehalten. Insbesondere wurde unterstellt, daß die einzelnen Sparten Gruppen homogener Verträge sind. Dies ist eine Annahme, die jederzeit aufgegeben werden kann, da der Erwartungsschaden ein vollkommenes Maß für das Gut Versicherungsschutz ist, das es erlaubt, heterogene Verträge gleichnamig zu machen. Der Übergang von dem hier entwickelten statischen Modell zu einer dynamischen Betrachtungsweise wäre dagegen mit erheblichen mathematischen Schwierigkeiten verbunden, vor allem deshalb, weil man die optimale Dividenden- und Überschußpolitik zu berücksichtigen hätte. Wenn man das Planungsmodell in der Praxis anwenden wollte, benötigte man ein sehr viel besseres Rechnungswesen, als es den VU heute zur Verfügung steht. Auch bietet diese Arbeit nicht mehr als eine theoretische Grundlage für eine Bestandsplanung, die noch wesentlich verfeinert werden müßte. Vermutlich ist es aber nur eine Frage der Zeit, bis sich die modernen Methoden der Unternehmensführung auch in der Versicherungswirtschaft durchsetzen werden.

# Literaturverzeichnis

*Adam,* Adolf: Programmiertes Wirtschaften, Wien 1964

*Albach,* Horst: Wirtschaftlichkeitsrechnung bei unsicheren Erwartungen, Köln, Opladen 1959

*Ammeter,* Hans: Die Elemente der kollektiven Risikotheorie von festen und zufallsartig schwankenden Grundwahrscheinlichkeiten, Mitteilungen der Vereinigung schweizerischer Versicherungsmathematiker 1949, S. 35 ff.

— Über die risikotheoretischen Grenzen der Versicherbarkeit, Blätter der Deutschen Gesellschaft für Versicherungsmathematik 1955, S. 261 ff.

— The calculation of premium-rates for excess of loss and stop loss reinsurance treaties, Nonproportional reinsurance (Ed.: S. *Vajda),* Brüssel 1955, S. 79 ff.

— Die Ermittlung der Risikogewinne im Versicherungswesen auf risikotheoretischer Grundlage, Mitteilungen der Vereinigung schweizerischer Versicherungsmathematiker 1957, S. 145 ff.

*Angermann,* Adolf: Entscheidungsmodelle, Frankfurt 1963

*Barrois,* T.: Essai sur l'application du calcul des probabilités aux assurances contre l'incendie, Mémoires de la Société Royale des Sciences de l'Agriculture et des Arts de Lille 1834, S. 85 ff.

*Beckmann,* M.: Lineare Planungsrechnung, Ludwigshafen 1959

*Behnke, Bertram, Sauer:* Grundzüge der Mathematik, Band IV, Göttingen 1966

*Bellman,* Richard E. und Stuart E. *Dreyfus:* Applied dynamic programming, Princeton 1962

*Bernoulli,* Daniel: Versuch einer neuen Theorie der Wertbestimmung von Glücksfällen (Specimen theoriae novae de mensura sortis), Übersetzung von Alfred *Pringsheim,* Leipzig 1896, oder Exposition of a new theory on the measurement of risk, Übersetzung von Louise *Sommer,* Econometrica 1954, S. 23 ff.

*Bidlingmaier,* Johannes: Unternehmerziele und Unternehmerstrategien, Wiesbaden 1964

*Bierlein,* Dietrich: Spieltheoretische Modelle für Entscheidungssituationen des Versicherers, Blätter der Deutschen Gesellschaft für Versicherungsmathematik Band III, Heft 1—4, 1956—1958, S. 461 ff.

*Boot,* John C. G.: Quadratic programming, Amsterdam 1964

*Borch,* Karl: Reciprocal reinsurance treaties, The Astin Bulletin, Vol. I, S. 170 ff.

— The utility concept applied to the theory of insurance, The Astin Bulletin, Band 1, S. 245 ff.

*Borch*, Karl: An attempt to determine the optimum amount of stop loss reinsurance, Transactions of the XVIth International Congress of Actuaries, Band 1, S. 597 ff.

— Application of game theory to some problems in automobile insurance, The Astin Bulletin, Band II, S. 208 ff.

— Recent developments in economic theory and their application to insurance, The Astin Bulletin, Band II, S. 322 ff.

— Reciprocal reinsurance treaties seen as a two-person co-operative game, Skandinavisk Aktuarietidskrift 1960, S. 29 ff.

— The safety loading of reinsurance premiums, Skandinavisk Aktuarietidskrift 1960, S. 163 ff.

— The objectives of an insurance company, Skandinavisk Aktuarietidskrift 1962, S. 162 ff.

— Versicherung und Spieltheorie, in: Gegenwartsfragen der Versicherung (Beiträge zur Forschung und Praxis), Versicherungsstudien, Heft 5/6, Berlin 1962, S. 31 ff.

— Reformulation of some problems in the theory of risk, Sonderdruck aus: Proceedings of the casualty of actuarial society, Band XLIX

— Control of a portfolio of insurance contracts, The Astin Bulletin, Band IV, S. 51 ff.

— Eine wirtschaftliche Theorie der Versicherung, Mitteilungen der Vereinigung schweizerischer Versicherungsmathematiker 1964, S. 131 ff.

*Braeß*, Paul: Angebot und Nachfrage in der Versicherung, Wirtschaft und Recht der Versicherung 1938, S. 29 ff.

— Versicherung und Risiko, Wiesbaden 1960

— Zur Theorie des „Bonus" in der Kraftfahrtversicherung, Versicherungswirtschaft 1960, S. 425 ff.

— Über das Wettbewerbssystem der Versicherung, in: Wirtschaft, Gesellschaft und Kultur, Festgabe für Alfred *Müller-Armack*, Berlin 1961, S. 29 ff.

— Einige theoretische Betrachtungen zum Problem des Bonus in der Kraftfahrtversicherung, Zeitschrift für die gesamte Versicherungswissenschaft 1961, S. 275 ff.

— Der Einfluß der Rückversicherung auf die Prämienkalkulation in der Sachversicherung, Versicherungswirtschaft 1963, S. 159 ff.

— Betriebswirtschaftliche Gedanken zur Risikotheorie und Schwankungsrückstellung, Berlin 1965

— Finanzplanung in Versicherungsunternehmen, Zeitschrift für die gesamte Versicherungswissenschaft 1965, S. 19 ff.

*Burrau*, Carl: Die Grundlagen der Versicherungsstatistik, Wirtschaft und Recht der Versicherung 1924, S. 1 ff.

*Carnap*, C. und W. *Stegmüller*: Induktive Logik und Wahrscheinlichkeit, Wien 1959

*Churchman*, C. West, L. Russel *Ackoff* und Leonard E. *Arnoff*: Operations Research, Wien 1961

*Cramér*, Harald: Collective risk theory, Stockholm 1955

*Dettmering*, W.: Die Spartenkombination in der deutschen öffentlichen Versicherung, Dortmund 1932

*Dinkelbach*, Werner: Unternehmerische Entscheidungen bei mehrfacher Zielsetzung, Zeitschrift für Betriebswirtschaft 1962, S. 739 ff.

*Eggenberger*, Florian: Die Wahrscheinlichkeitsansteckung, Mitteilungen der Vereinigung schweizerischer Versicherungsmathematiker 1924, S. 31 ff.

*Farny*, Dieter: Die Versicherungsmärkte, Berlin 1961
— Konkurrenz und Kartelle in der Versicherung, Handelsblatt Nr. 181 vom 21. 9. 1964
— Produktions- und Kostentheorie der Versicherung, Karlsruhe 1965
— Unternehmerentscheidungen in der Versicherungswirtschaft, Zeitschrift für die gesamte Versicherungswissenschaft 1966, S. 129 ff.
— Sicherheitsstreben und Gewinnstreben in der Versicherungswirtschaft, Versicherungswirtschaft 1967, S. 114

*Fischer*, Curt Eduard: Versicherungswirtschaft und Wettbewerbsgesetz, Wirtschaft und Wettbewerb 1954, S. 3 ff. und 309 ff.

*Förstner*, K. und R. *Henn:* Dynamische Produktionstheorie und lineare Programmierung, Meisenheim 1957

*Freudenthal*, Hans: Wahrscheinlichkeit und Statistik, München 1963

*Frey*, Emil: Der Stand der Angleichung der Unternehmungsformen in der Versicherungswirtschaft, Versicherungswissenschaftliches Archiv 1957, S. 21 ff.
— Ergebnisse der deutschen Versicherungswirtschaft im Jahre 1964, Versicherungswirtschaft 1965, S. 1143

*Friedman*, Milton und L. J. *Savage:* The utility analysis of choices involving risk, Journal of Political Economy 1948, S. 279 ff.

*Greene*, Mark R.: Risk and insurance, Cincinnati 1962

*Grochla*, Erwin: Planung, betriebliche, Handwörterbuch der Sozialwissenschaften, 8. Band, Stuttgart, Tübingen, Göttingen 1962, S. 314 ff.

*Gürtler*, Max: Das Risiko des Zufalls im Versicherungsbetrieb, Zeitschrift für die gesamte Versicherungswissenschaft 1929, S. 209 ff. und 292 ff.
— Die Erfolgsrechnung der Versicherungsbetriebe, Berlin 1931
— Der Bonus als Mittel zur Erfassung des subjektiven Risikos, Zeitschrift für die gesamte Versicherungswissenschaft 1961, S. 15 ff.

*Gutenberg*, Erich: Grundlagen der Betriebswirtschaftslehre, 2. Band: Der Absatz, 8. Auflage, Berlin und Heidelberg 1965
— Grundlagen der Betriebswirtschaftslehre, 1. Band: Die Produktion, 10. Auflage, Berlin, Heidelberg 1965

*Hadley*, G.: Nonlinear and dynamic programming, Reading 1964

*Heinen*, Edmund: Die Kosten, ihr Begriff und ihr Wesen, Saarbrücken 1956
— Anpassungsprozesse und ihre kostenmäßigen Konsequenzen, Köln und Opladen 1957
— Die Zielfunktion der Unternehmung, aus: Zur Theorie der Unternehmung, Festschrift für Erich *Gutenberg*, Wiesbaden 1962, S. 11 ff.

*Henzel*, Fr.: Der Unternehmer als Disponent seiner Kosten, Zeitschrift für Betriebswirtschaft 1936, S. 139 ff.

*Herr*, Rudolf: Die Spartenkombination in der deutschen Privatversicherung, Berlin 1930

*Herstein*, I. N. und John *Milnor:* An axiomatix approach to measurable utility, Econometrica 1953, S. 291 ff.

*Howard*, Ronald A.: Dynamic programming and markow processes, New York 1960

*Karten*, Walter: Grundsätzliche Bemerkungen zur neuen Schwankungsrückstellung, Versicherungswirtschaft 1966, S. 1038 ff. und 1089 ff.

— Grundlagen eines risikogerechten Schwankungsfonds für Versicherungsunternehmen, Berlin 1966

*Kern*, Werner: Operations Research, Stuttgart 1964

*Kilger*, Wolfgang: Produktions- und Kostentheorie, Wiesbaden 1958

*Knight*, F. H.: Risk, uncertainty and profit, 8th edition, London 1957

*Kosiol*, Erich: Die Plankostenrechnung als Mittel zur Messung der technischen Ergiebigkeit des Betriebsgeschehens (Standardkostenrechnung), in: Plankostenrechnung als Instrument moderner Unternehmensführung, hgg. von Erich *Kosiol*, Berlin 1956

— Modellanalyse als Grundlage unternehmerischer Entscheidungen, Zeitschrift für handelswissenschaftliche Forschung 1961, S. 318 ff.

*Krelle*, Wilhelm: Theorie der wirtschaftlichen Verhaltensweisen, Meisenheim 1953

— Unsicherheit und Risiko in der Preisbildung, Zeitschrift für die gesamte Staatswissenschaft 1957, S. 632 ff.

*Krelle*, W. und H. P. *Künzi:* Lineare Programmierung, Zürich 1958

*Krickeberg*, Klaus: Wahrscheinlichkeitstheorie, Stuttgart 1963

*Künzi*, H. P. und Wilhelm *Krelle:* Nichtlineare Programmierung, Berlin, Göttingen, Heidelberg 1962

*Kulhavy*, Ernest: Operations Research, Wiesbaden 1963

*Kupper*, Josef: Wahrscheinlichkeitstheoretische Modelle in der Schadenversicherung, Würzburg 1962

*Laßmann*, Gert: Die Produktionsfunktion und ihre Bedeutung für die betriebswirtschaftliche Kostentheorie, Köln und Opladen 1958

*Linhardt*, Hanns: Grundlagen der Betriebsorganisation, Essen 1954

*Lochmaier*, Karl: Das versicherungstechnische Risiko und seine Problematik für den Versicherungsbetrieb, Freiburg 1954

*Lohmann*, Martin: Einführung in die Betriebswirtschaftslehre, 3. Auflage, Tübingen 1959

*Luce*, R. Duncan und Howard *Raiffa:* Games and decicions, New York und London 1957

*Mahr*, Werner: Einführung in die Versicherungswirtschaft, Berlin 1951
— Über einige Probleme der Versicherungsökonomik, in: Beiträge zur Versicherungswissenschaft, Festgabe für *Rohrbeck*, Berlin 1955, S. 207 ff.

*Manes*, Alfred: Versicherungswesen, 1. Band: Allgemeine Versicherungslehre, 5. Auflage, Leipzig und Berlin 1930

*Markowitz*, Harry M.: Portfolio selection, 2. Auflage, New York 1965

*Marquardt*, Hans: Das objektive Risiko, Deutsche Versicherungswirtschaft, Band II, S. 195 ff.

*May*, Kenneth O.: Intransitivity, utility and the aggregation of preference patterns, Econometrica 1954, S. 1 ff.

*Mellerowicz*, Konrad: Kosten und Kostenrechnung, Band I, 3. Aufl., Berlin 1957

*Möller*, Hans: Moderne Theorien zum Begriff der Versicherung und des Versicherungsvertrages, Zeitschrift für die gesamte Versicherungswissenschaft 1962, S. 269 ff.

*Morgenstern*, Oskar: Vollkommene Voraussicht und wirtschaftliches Gleichgewicht, in: Spieltheorie und Wirtschaftswissenschaft, Wien 1963, S. 43 ff.

— Die Theorie der Spiele und des wirtschaftlichen Verhaltens, in: Spieltheorie und Wirtschaftswissenschaften, Wien 1963, S. 71 ff.

*Mosteller*, Fredrick und Philip *Nogee*: An experimental measurement of utility, Journal of Political Economy 1951, S. 371 ff.

*Müller*, Ulrich: Zum Kartellproblem in der industriellen Feuerversicherung, Zeitschrift für betriebswirtschaftliche Forschung 1965, S. 295 ff.

*v. Neumann*, John und Oskar *Morgenstern*: Spieltheorie und wirtschaftliches Verhalten, Würzburg 1961

*Nolfi*, P.: Zur mathematischen Darstellung des Nutzens in der Versicherung, Mitteilungen der Vereinigung schweizerischer Versicherungsmathematiker 1955, S. 395 ff.

*Pack*, Ludwig: Rationalprinzip und Gewinnmaximierungsprinzip, Zeitschrift für Betriebswirtschaft 1961, S. 207 ff. und 283 ff.

*Pfanzagl*, Johann: Das Gesetz der großen Zahl, Statistische Vierteljahreszeitschrift 1956, S. 16 ff.

— Die axiomatischen Grundlagen einer allgemeinen Theorie des Messens, Würzburg 1959

— Allgemeine Methodenlehre der Statistik, Band I, Berlin 1966

— Allgemeine Methodenlehre der Statistik, Band II, Berlin 1966

*Plath*, Werner: Spezial- oder Allbranchengesellschaft, Der Volkswirt, Beilage zu Nr. 49 vom 5. 12. 1953 „Versicherungen", S. 23 f.

*Rényi*, A.: Wahrscheinlichkeitsrechnung, Berlin 1962

*Richter*, Hans: Wahrscheinlichkeitstheorie, Berlin, Göttingen, Heidelberg 1956

*Riebesell*, Paul: Die Spartenkombination in der Individualversicherung, Hamburg 1949

*Röglin*, Hans-Christian: Konkurrenz, Kybernetik und Kartell. Zeitschrift für Versicherungswesen 1965, S. 319 ff. und 427 ff.

*Röpke*, Wilhelm: Die Lehre von der Wirtschaft, 8. Auflage, Zürich 1958

*Rößle*, Karl: Allgemeine Betriebswirtschaftslehre, 5. Auflage, Stuttgart 1956

— Funktionen, betriebswirtschaftliche, Handwörterbuch der Betriebswirtschaft, Band II, 3. Auflage, Stuttgart 1957/58, Spalte 2091 ff.

*Sabel*, Hermann: Die Grundlagen der Wirtschaftlichkeitsrechnungen, Berlin 1965

*Sachs*, Wolfgang: Der Nutzen des Bonus in der Kraftfahrtversicherung, Versicherungswirtschaft 1961, S. 470 ff.

*Savage*, Leonard J.: The foundations of statistics, New York 1954

*Schlaifer*, Robert: Probability and statistics for business decisions, New York, Toronto, London 1959

*Schneeweiß*, Hans: Entscheidungskriterien bei Risiko, Berlin und Heidelberg 1966

*Schneider*, Erich: Einführung in die Wirtschaftstheorie, Band II, 6. Auflage, Tübingen 1955

*Sergowski*, N.: Einführung in die Theorie der Feuerversicherung, 2. Auflage, Prag 1931

*Seuß*, Wilhelm: Die Versicherungsproduktion, Zeitschrift für Versicherungswesen 1965, S. 707 ff.

*Steinlin*, Peter: Das Versicherungswesen der Schweiz, Band 1, Zürich und St. Gallen 1961

*Streißler*, Erich: Nutzen, Abschn. II, Handwörterbuch der Sozialwissenschaften, 8. Band, Stuttgart, Tübingen, Göttingen 1964, S. 5 ff.

*Strigel*, W.: Planstrategen als Spitzenreiter, Der Volkswirt 1966, S. 811 f.

*Thielmann*, Kurt: Der Kostenbegriff in der Betriebswirtschaftslehre, Berlin 1964

*Vajda*, S.: Lineare Programmierung, Zürich 1960

*Wald*, Abraham: Statistical decision functions, New York 1950

*Weisser*, Gerhard: Genossenschaft und Gemeinschaft, Sonderdruck aus „Gemeinnütziges Wohnungswesen" Heft 12, Dezember 1954, und Heft 1, Januar 1955

— Versicherungswissenschaft und Unternehmensmorphologie, in: Beiträge zur Versicherungswissenschaft, Festgabe für Walter *Rohrbeck*, Berlin 1955, S. 473 ff.

— Statistische Begriffe auf Grund soziologisch und wirtschaftspolitisch orientierter Bildung von Unternehmenstypen, Allgemeines Statistisches Archiv 1958, S. 325 ff.

— Morphologie der Betriebe, Handwörterbuch der Betriebswirtschaft, Band III, 3. Auflage, Stuttgart 1957—1960, Spalte 4036 ff.

*Williams*, C. Arthur Jr. und Richard M. *Heins*: Risk management and insurance, New York, San Francisco, Toronto und London 1964

*Wolff*, Karl-Heinz: Collective theory of risk and utility functions, The Astin Bulletin Band IV, S. 6 ff.

— Die Unternehmensforschung im Versicherungswesen, Mitteilungen der Vereinigung schweizerischer Versicherungsmathematiker 1963, S. 155 ff.

— Der Begriff des Nutzens in der Versicherungsmathematik, Unternehmungsforschung 1964, S. 195 ff.

— Methoden der Unternehmensforschung im Versicherungswesen, Berlin, Heidelberg 1966

*Zeidler*, Joachim Klaus: Marktformen und Marktordnung in der deutschen Versicherungswirtschaft, Hamburg 1959

*Zimmermann*, Hans-Jürgen: Mathematische Entscheidungsforschung und ihre Anwendung auf die Produktionspolitik, Berlin 1963

MIX
Papier aus verantwortungsvollen Quellen
Paper from responsible sources
FSC® C105338

FSC
www.fsc.org

Printed by Libri Plureos GmbH
in Hamburg, Germany